方集出版社

筆記與對話

陳添壽 著

戰後臺灣
自由主義
知識典範
言論述

本書筆記胡適、葉公超、余英時等三位自由主義者，對於戰後臺灣發展歷史的言論記述，及與李顯裕教授對談，針對余英時治學歷程、學術思想與歷史文化所發表論文的內容闡述。

自　序

　　2021 年 8 月 5 日，我在臺北得知余英時先生的過世消息，為了整理余英時先生有關的文字，我在書房翻箱倒櫃的找了一些有關於他的著作與資料。除了重讀這位學人出版的部分著作之外，我還發現了自己多年來所保存下來的剪報資料，很值得在這裡略作介紹和記述下來，提供有意研究者的參考。

　　誠如我在拙作《筆記與對話：臺灣百年雙源匯流文學的淒美絢麗》的〈自序〉提到，檢視我現在所保存的剪報資料和論著中，其蒐集的時間與內容，大部分是與當代中華民國歷史有關的政治或學術界，特別是戰後隨國民政府來臺之後，在工作或職務上與臺灣發展歷史有密切關係的人物，特別是崇尚自由主義精神與思想的知識菁英，他們所發表具有典範作用的精闢文字。

　　胡適之先生人生的最後階段，在臺灣擔任中央研究院院長時因心臟突發猝死於會場，最終安葬臺北南港中央研究院園區。葉公超先生則在駐美大使任內被召返回國之後，長居國內，鬱卒於臺北。余英時先生雖長居美國，但他擔任中央研究院院士，經常撰寫評論，關心兩岸政治與學術發展，在美過世長眠在普林斯頓大學校園。

　　以下各篇，全是針對閱讀自由主義者胡適先生政治思想

與其著作有關筆記，接著閱讀葉公超先生的筆記，最後是余英時先生的論著記述。另外，有關胡適先生與自由文學的筆記部分，已先收錄在我已出版的《筆記與對話：臺灣百年雙源匯流文學的淒美絢麗》一書裡，這裡繼續選錄的是有關胡適先生戰後發表政治民主言論的文字。

本書第一部分【筆記戰後臺灣胡適之政治民主言論述】。回溯 1970 年，我初進輔仁大學攻讀圖書館學，在構思與決定撰寫【近代學人著作書目提要】之後，即開始展開了選讀、借閱和蒐購各類圖書文獻資料的功課。

1978 年，我的生活逐漸在臺北穩定下來，就把原本留在臺南老家「拙耕園」，保存在「安溪書齋」的圖書文獻等資料，跟著我北上擺置溫州街公寓住家的書架上。

剛搬進去住的一段時間，我閱讀與蒐藏圖書資料的進度和數量是呈現快速成長的增加，但隨著小孩的陸續上學，因為需要騰出書架空間，讓他們也可以擺放書本，迫使我可以放置保存的地方已經未能容許我繼續的再增加，相對地我蒐藏圖書和剪貼資料也就逐漸地減少了。

2004 年，我又因為舉家的遷住萬隆蟾蜍山居之後，「安溪書齋」的擺放圖書資料亦受限於空間，我不得不再次忍痛地把部分的圖書捐出，以減少蒐藏的數量，避免造成「書災」，但我仍小心翼翼地保存下了部分的剪報資料。

本書第二部分【筆記戰後臺灣葉公超國際外交言論述】。距離我當年構思與決定撰寫【近代學人著作書目提

要】的時間，已經超過半世紀，而我僅能保存下來的近代學人圖書與文獻史料，除了目前發表過的〔閱讀胡適筆記〕、〔閱讀張道藩筆記〕，和〔閱讀陳奇祿筆記〕之外，現在我也把蒐藏葉公超的〔閱讀葉公超筆記〕整理出來。

筆記葉公超先生的這部分剪報，記述他有三個重要階段的時間點與工作職務：第一階段是 1949-1958 年，他任外交部長期間。1949 年（45 歲）之前，他在北京大學擔任教授、西南聯大外文系主任，曾與胡適、徐志摩合辦《新月》，與聞一多創辦《學文》等文學雜誌，凸顯了他表現出自由主義精神與思想。

抗戰勝利，他轉進政府部門工作，1946 年 4 月至 1947 年 5 月，任外交部參事兼歐洲司司長，6 月至 1949 年 1 月，任常務次長至 10 月任政務次長。然 1949 年 6 月，即奉代總統李宗仁、行政院長閻錫山之命，以次長代理未到任部長胡適的職位，10 月真除升任外交部長。1952 年，他代表政府在《中日和平條約》上簽字；1954 年，與美國簽訂《中美共同防禦條約》。

第二階段是 1958-1961 年，他任駐美大使期間。1958 年（54 歲）8 月初，在「八二三炮戰」前的臺海危機時，他從外交部長改派任中華民國駐美國大使，接替董顯光大使；1961 年（57 歲）底，因「外蒙古入聯合國案」奉召回國，改任行政院政務委員。第三階段是 1962-1981 年，他結束外交官生涯。自此藉書法和繪畫的過著平淡生活，期間曾於

1970 年，代理新埔工業專科學校董事長，1978 年 5 月，受聘總統府資政；1981 年（77 歲）11 月，因心臟病逝世於臺北，度其最後餘生階段的 20 年。晚年的葉公超描述「怒而寫竹，喜而繪蘭，閒而狩獵，感而賦詩」的生活，自稱其為「悲劇的一生」。

本書第三部分【筆記戰後臺灣余英時歷史文化言論述】。2021 年 8 月 1 日，一代史學大師、中研院院士余英時在美國紐澤西州普林斯頓的寓所逝世，享耆壽 91 歲。讓我聯想起濟慈（John Keats, 1795-1821）名詩〈希臘古甕詠〉中的這段：

> 當一整代都在年華裡凋落／唯你仍在，面對人們的哀愁，作為人們的朋友，你會宣說，「美即真，真即美」
> ——這就是包括你們在世上所知，以及當知的所有。

「美即真，真即美」——這就是包括在世上所知，以及當知的所有，彰顯了知識之路上的真與美。余英時先生在探索知識上真與美的成就，是他兼治錢穆的史學通識與胡適先生的考證治學，整合地建立自己的治學之路。在治學途徑上，余英時先生認為胡適先生是一位人文學術思想上的通識治學之士。余英時先生在通識治學的道路上，融會錢穆的中國傳統文化、胡適先生的西方現代文化，與楊聯陞先生的社

會科學等三位老師的學術研究精華，蔚成當代中國學術思想的巨擘，在通識治學上所立下的典範言論，令人敬佩。

　　檢視了我剪報蒐集余英時先生在報紙上所發表的言論，我發現有些文字已經過了余英時先生與出版商的努力，這些單篇的言論，陸陸續續都被審修成專書發行。所以，我在【筆記戰後臺灣余英時歷史文化言論述】的這部分，不採取我之前純粹閱讀報章的筆記方式，而是透過閱讀市面上已出版余英時先生專書，以及聯經公司於 2022 年 11 月出版了〔余英時文集〕的套書，綜合來加以筆記余英時先生歷史文化言論的記述。

　　當前我們最主要的工作，應善用胡適先生、葉公超先生與余英時先生三位自由主義的傳承知識群英言論，將其等所遺留的豐富學術文化資產，透過傳播知識的創新轉化成可以發揚「中華文化中自由主義精神與思想的民主典範」，光大其文化風華的發揮「軟實力」（soft power）效果。特別是當前秉持本土文學或臺灣文化主體性的書寫，凸顯了我們這代善用中華文化優勢來描述臺灣生活的智慧。

　　戰後臺灣自由主義知識群英，我們發現胡適先生在中央研究院園區蓋有胡適紀念館，典藏胡適的文物與著作，余英時先生則是透過聯經出版公司設置「余英時人文著作出版獎助基金」的方式來鼓勵後學，至於葉公超先生截至目前我們未知有否其留下紀念性文物，或許我們可以運用民間與政府的合力來發展「巧實力」（smart power）效果。

　　本書第四部分【對話李顯裕談自由主義的精神與思想】。我擔任與談李顯裕博士發表論文的年份與篇名，從 2016 年〈余英時對國民黨的歷史評論〉文；2017 年〈余英時對臺灣政治發展的評論及歷史意義——以兩岸關係為中心的初探〉文；2018 年〈余英時與新儒家〉文；2019 年〈余英時對香港政治的評論之探討〉文；2020 年〈余英時在香港時期（1950-1955 年）所承受的文化精神與思想〉文；2021 年〈余英時與新儒家思想的交涉〉文；到 2022 年〈余英時與胡適：政治思想層面的探析〉文，合計 7 篇。

　　上述 7 篇論文中，我已將 2016 年〈余英時對國民黨的歷史評論〉文；2017 年〈余英時對臺灣政治發展的評論及歷史意義——以兩岸關係為中心的初探〉文等兩篇與談文，在增修文字內容之後改為〈余英時自由主義思想與兩岸關係評論〉，收錄在 2020 年拙作《臺灣政治經濟思想史論叢（卷四）：民族主義與兩岸篇》一書裡。另外，2018 年〈余英時與新儒家〉文，則是改寫入 2021 年〈余英時與新儒家思想的交涉〉一文。

　　因此，與談人的對話這部分，我收錄的是 2019 年〈余英時對香港政治的評論之探討〉文；2020 年〈余英時在香港時期（1950-1955 年）所承受的文化精神與思想〉文；2021 年〈余英時與新儒家思想的交涉〉文；2022 年〈余英時與胡適：政治思想層面的探析〉文等四篇。

　　針對余英時先生代表的自由主義精神與思想，誠如顯裕

老師提到：余英時先生學術精神是以畢生學術研究來尋求關於現代中國思想問題的答案，而這也是一種最嚴肅、最負責的態度，他既有著知識分子創造知識的成就，也有著知識分子現世關懷的人文精神。我認為余英時先生實至名歸，當之無愧。

隨著年紀增長與生活體驗，和面對當前國際環境的嚴峻，我是愈來愈能感受與理解 19 世紀俄國大文豪托爾斯泰（Leo Tolstoy, 1828-1910），當他在撰寫《戰爭與和平》巨作的時間裡，其所專注「創作即生命」的精神，我應該更要珍惜自己這段人生難逢和平時期的際遇，樂在「閱讀是生活、書寫是樂趣」地享受山居歲月。

本書的得以接續《筆記與對話：臺灣百年雙源匯流文學的淒美絢麗》之後的出版，除了謝謝李顯裕教授惠提卓見，我要特別感謝方集出版社賴洋助董事長、李欣芳主編、立欣責任編輯和團隊人員的協助，讓我這系列的作品呈現在大家眼前，並請不吝賜教。

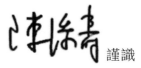 謹識

2023 年 8 月 14 日蟾蜍山居安齋

目　次

自　序 ……………………………………………………………… i

第一部分　筆記戰後臺灣胡適之政治民主言論述 ……………… 1

周質平〈新時代的新人物 —— 為胡適與趙元任逝世紀念日
而寫〉 ……………………………………………………… 3

陳之藩〈東風與西風：胡適論第二黨〉 ……………………… 7

陸鏗〈奉命通知胡適為總統候選人〉 ……………………… 10

國史館《黃杰警總日記選輯》 ……………………………… 15

聶華苓〈雷震與胡適〉 ……………………………………… 23

胡適〈中國古代政治思想史的一個看法〉 ………………… 35

胡適談〈法統〉 ……………………………………………… 45

胡適〈美國的民主制度〉 …………………………………… 53

胡適〈美國大學的革新者 —— 吉爾曼的貢獻〉 ………… 57

胡適的國大會議與民主改革 ………………………………… 61

胡適〈自由中國之重要性〉 ………………………………… 67

胡適〈國家發展科學培植人才的五年計劃的綱領〉 ……… 70

李青來〈羅家倫談胡適使美二三事〉 ……………………… 73

胡適批評「人民公社」制度 ………………………………… 77

清算胡適自由民主思想 ……………………………………… 81

胡適談〈容忍與自由〉 ……………………………………… 85

胡適談〈科學精神與科學方法〉 ……………… 91

胡適談〈新聞記者「辯冤白謗」的責任〉 …………… 94

胡適談〈終生做科學實驗的愛迪生〉 …………… 99

胡適反對修憲的 6 則新聞報導 …………… 104

胡適談〈弭兵會議〉 …………… 110

胡適談〈中國之傳統與將來〉 …………… 114

李青來〈王世杰談胡適與政治〉 …………… 122

唐德剛《胡適口述自傳》與《胡適雜憶》 …………… 128

陳雪屏〈不畏浮雲遮望眼，自緣身在最高層

——關於胡適之先生的年譜和晚年談話錄〉 …………… 131

第二部分　筆記戰後臺灣葉公超國際外交言論述 …………… 135

葉公超〈我對於聯合國的觀感〉 …………… 137

葉公超 1954 年秒在美的對社團講演 …………… 141

葉公超第十屆聯合國會上的三篇演講辭 …………… 145

葉公超談亞洲民族主義與共產主義 …………… 150

葉公超致詞追念陳納德將軍 …………… 157

葉公超從外交部長到駐美大使 …………… 163

葉公超與蔣廷黻的「外蒙入聯案」 …………… 167

葉公超回大學授課的重溫舊夢 …………… 174

葉公超的幽居歲月 20 年 …………… 178

葉公超寫魯迅和梅貽琦 …………… 187

葉公超與《中日和約》的簽訂 …………… 191

第三部分　筆記戰後臺灣余英時歷史文化言論述 ………… 197

　　余英時《人文與民主》 ……………………………… 199

　　余英時《重尋胡適歷程：胡適生平與思想再認識》…… 203

　　余英時《中國文化與現代變遷》 ………………… 207

　　余英時《民主與兩岸動向》 ……………………… 210

　　余英時《猶記風吹水上鱗：錢穆與現代中國學術》…… 213

　　余英時《歷史與思想》 …………………………… 216

　　余英時《中國近世宗教倫理與商人精神》 …………… 219

　　余英時《余英時回憶錄》 ………………………… 223

　　林載爵主編《如沐春風：余英時教授的為學與處世》… 226

　　李懷宇《余英時談話錄》 ………………………… 230

　　顏擇雅《余英時評政治現實》 …………………… 239

　　周言《余英時傳》 ………………………………… 243

　　陳致《我走過的路：余英時訪談錄》 …………… 248

　　林載爵主編《心有思慕：余英時教授紀念集》 ………… 253

第四部分　對話李顯裕談自由主義的精神與思想 …………259

　　對話〈余英時對香港政治的評論之探討〉 …………… 261

　　對話〈余英時在香港時期（1950-1955 年）所承受的
　　文化精神與思想〉 ………………………………… 270

　　對話〈余英時與新儒家思想的交涉〉 …………… 278

　　對話〈余英時與胡適：政治思想層面的探析〉 …… 294

第一部分
筆記戰後臺灣胡適之政治民主言論述

周質平〈新時代的新人物 —— 為胡適與趙元任逝世紀念日而寫〉

　　1990 年 2 月 23 日、24 日的連續兩天，《中國時報》登載，周質平教授發表的〈新時代的新人物 —— 為胡適與趙元任逝世紀念日而寫〉一文。

　　胡適與趙元任，這兩位中國歷史上新時代的新人物，胡適生於 1891 年，卒於 1962 年；趙元任生於 1892 年，卒於 1982 年。年紀上胡適大趙元任不到 1 歲，但胡適卻整整比趙元任早死 20 年。真巧合，他們二人的死亡日期都是 2 月 24 日。

　　周質平的文章裡，說胡適一生之中，真可以說是交遊遍天下，從王公到走卒都是胡適的「我的朋友」。在這無數的朋友之中，與胡適定交最早，相知最深，交情超過半世紀的要屬趙元任了。

　　1910 年，胡適與趙元任同在考取庚款留美，同船赴美，同進康乃爾大學。1913 年，又同在被舉為「美國大學優等生之榮譽學會」（Phi Beta Kappa）的會員。胡適在他的《胡適留學日記》中，對趙元任在審音、變音方面的天才，真是推崇備至；也在〈趙元任國語留聲片序〉誇趙元任是個「天生的方言學者」、「天生的音樂家」、「科學的言語學者」。

　　周質平文中指出，胡適的重要著作基本上都是在他五十歲以前完成的；而趙元任在中國語言學界的貢獻，對於他五十歲以後的著作則是不能忽略的。在白話文運動方面，胡適的文字常被視為近代白話文的典範，但較之趙元任的白話文，就一點都不「白」了。胡適對白話的「白」字解釋：一是戲臺上說白的「白」，就是說得出，聽得懂的話；二是清白的「白」，就是不加粉飾的話；三是明白的「白」，就是明白曉暢的話。

　　周文引用趙元任的話來說：

　　　　胡適的白話文只是明白清楚的書面文字，並不是真正的「語體」。胡適自己也承認在戲臺上說的「白」，在他的文字中並沒有體現出來。胡適也提到趙元任說：「適之呀！你的白話文不夠白，你要不相信，我可以給你錄音，你自己再聽一遍。」，胡適說：「他錄了之後，再放給我聽，覺得真是不夠白。」

　　胡適與趙元任，對政治、社會、文化的態度，周質平認為：胡適在參與政治時，有個分際，大多被解釋為「愛惜羽毛」；而趙元任對政治保持距離，卻是他真正的缺乏興趣，但他對於社會許多改革活動都積極參與。在文化上，趙元任幾乎是不談「全盤西化」或文化交流這類問題的，也少有像

胡適發表一些充滿爭議的文字，偶談到這類問題的時候，他能用極淺顯的文字，表達很深刻的意思。

胡適與趙元任，在婚姻、家庭的方面，周質平認為：

> 在五四這一代知名學者之中，趙元任也許是唯一爭得了婚姻自由，享受了家庭幸福的人。胡適、陳獨秀、錢玄同……這一批以爭自由平等出名的人物，卻都不曾爭得他們自己的婚姻自由。

趙元任是自始不與舊式婚姻制度妥協的。他並沒有姑且先結婚而後再離婚的打算，也沒有婚後另謀出路，演出婚外情。他是經過十幾年的努力，先退了早年訂的婚，再與楊步偉結婚的，而且這個婚姻維持了甜甜蜜蜜的六十年。

周質平再進一步指出，趙元任在反對舊式婚姻制度上，不像胡適經過幾度周折，胡適在訂婚之後，曾經過一段為中國婚制辯護的時期。認為父母之命，正是來日孩子幸福的保障。胡適與江冬秀結婚，基本上只是為了不忍傷兩個女人的心。除了不想傷新娘江冬秀的心之外，另一位女人當然就屬一心望子成龍的胡適母親了。

在家庭生活上，從胡適大量著作中，我們看不到多少描述的家庭生活，更不必說什麼夫妻恩愛、天倫之樂了。但在有關趙元任的傳記裡，卻處處可以看到他和楊步偉生活在愛情的喜悅之中。

周質平在文章的結語：

> 從 1945 年到 1961 年，胡適寫給趙元任的信，道出
> 一個年過六十，一個從妻子孩子身上得不到任何慰
> 藉的老人，一個曾經管領中國學術風騷數十年的宗
> 師碩儒，為了謀些臨時的教職往返奔波於美國東西
> 兩岸之間，那份累累於道塗的辛酸和落寞，牢騷和
> 無奈都剖白在他給趙元任的信裡。而趙氏夫婦對胡
> 適的關懷和協助也充分顯示了數十年不渝的交情。
> 胡適一生的慰藉不是來自愛情，也不是來自親情，
> 而是來自友情。

檢視周質平的這篇文章，後來特別加上註解，並以完整
學術論文格式的〈胡適與趙元任〉為篇名，收錄在 1992 年
7 月，三民書局為他出版的《胡適論叢》一書裡，這書也是
周教授對於胡適研究的重要著作之一。（2021-09-02）

陳之藩〈東風與西風：胡適論第二黨〉

2005 年 10 月 18 日，《聯合報》登載，陳之藩〈東風與西風：胡適論第二黨〉。文章刊頭說明：早年為人權，在上海胡適與國民黨吵翻，是在他剛回國不久；晚年為了言論自由，胡適與蔣介石又吵翻，那是回到臺灣之後，而最根本的原因，他視為只有一個：國家要有第二大黨。

陳之藩在該文中指出，胡適的至死不渝的信念，可以說是他的「宗教」就是民主政治的如何實現，亦即實施民主的具體設施是：國家要有第二黨。1945 年 8 月，胡適寫給毛澤東的一封信。內容大意：

> 胡適以為中共領袖諸公，今日宜審查世界形勢，愛惜中國前途，努力忘卻過去，瞻望將來，痛下決心，準備為中國建立一個不靠武裝的第二大黨。公等若能有此決心，則國內十八年之糾紛一朝解決，而公等二十餘年之努力皆不致因內戰而完全毀滅。

胡適又舉例說：

> 美國開國之初，吉福生（Thomas Jefferson）十餘年的和平奮鬥，其所創立之民主黨遂於第四屆大選獲

得政權。英國工黨五十餘年前僅得四萬四千票，而
和平奮鬥之結果，今年得一千二百萬票，成為絕大
多數黨。此兩事皆是足供深思。中共今日已成為第
二大黨，若能持之以耐心毅力，將來和平發展，前
途未可限量，萬萬不可以小不忍而自致毀滅。

承上述，胡適信給毛澤東的苦口婆心相勸，而其時的毛
澤東上在延安窯洞，胡適怕共產黨被圍剿，被消滅，那豈不
變成國民黨的一黨獨大；他想只要有一個第二黨，總比一黨
獨大好。從結果論來看，毛澤東最後取得統治中國政權，這
是讓胡適「國家要有第二大黨」的希望完全落空的。

1950 年代的胡適在臺灣，為言論自由，鼓勵大家辦雜
誌，到鼓勵在野人士組黨，或者勸蔣介石把國民黨分成兩
個，他總也希望國家要有第二大黨，以兩黨制度的模式來發
展國內民主政治，甚至於他勸阻蔣介石恪遵憲法的不要再圖
連任。胡適希望「國家要有第二大黨」的民主政治還是落空
的。

陳之藩指出，兩黨制是胡適的中心思想，胡適常引《紅
樓夢》〈第八十二回〉中的：「但凡家庭之事，不是東風壓
了西風，就是西風壓了東風。」以喻國家之事的兩黨制，亦
即不是東風壓倒西風，就是西風壓倒東風，被壓倒的是沒有
好日子過的。

無獨有偶，1957 年毛澤東也引了《紅樓夢》上的這句

話，他在列舉社會主義陣營的人口已經超過資本主義陣營之
後，說：

> 現在不是西風壓倒東風，而是東風壓倒西風。又
> 說：我認為目前形勢特點是東風壓倒西風，也就是
> 說社會主義的勢力對於資本主義的力量佔了絕對的
> 優勢。

陳之藩認為：胡適的引全了《紅樓》的話，毛澤東只引
《紅樓》前半句「東風壓倒西風」，蔣介石大概沒有看過
《紅樓》，也當然就聽不進去胡適勸他不要連任，和希望國
家要有第二大黨的諍言了。

讀陳之藩的這篇〈東風與西風：胡適論第二黨〉，很容
易讓人聯想起《在春風裏》，他收錄了為紀念胡適之先生所
寫的九篇文字；還有他教書生涯所重視科學與文學跨領域學
科的通識教育，和其遺孀童元方教授寫的《閱讀陳之藩》
來。（2021-09-06）

陸鏗〈奉命通知胡適為總統候選人〉

1997 年 7 月 6 日、7 日連續兩天，《中國時報》登載，陸鏗先生發表的〈奉命通知胡適為總統候選人〉一文。

文章之前，先有編者按：資深新聞記者陸鏗從事新聞工作近六十年，經驗豐富多采，見證了無數歷史性內幕。最近將其採訪見聞與人生經驗鋪陳成書，題為「陸鏗回憶與懺悔錄」，即將由時報出版公司出版。本報今日特摘要刊出書中「奉命通知胡適為總統候選人」一章，以饗讀者。

1948 年 3 月 29 日，國民大會在南京召開，當時國共和談已經破裂，以蔣中正主席為首的國民政府提出了「戡亂建國」口號，美國方面則希望國府推行美國式民主，希望中國成立聯合政府，將自由分子容納進去；另一方面，為了安撫國民黨，特別聲明，美國不希望在中國政府中有共產黨人。

陸鏗指出，他看到聲明後，訪問美國駐華大使司徒雷登所得到的消息是，「蔣委員長已明確地表示，適時召開行憲國民大會，還政於民，希望中國從此開展新局」。這就是為什麼 3 月 29 日會召開行憲後第一次國民大會的主要政治背景。

行憲的目的就是要選出總統、副總統，同時，由總統提出行政院長人選經由立法院行使同意權，以組織「行憲內閣」。依當時政局情勢，誰當總統對蔣先生來說，當然「捨

我其誰」。但是有意副總統競選的包括孫科、于右任、程
潛、李宗仁都躍躍欲試，其中又以李宗仁提出「民主」、
「革新」的聲勢最獲得好評。

陸文指出：

> 蔣介石為了對付李宗仁，全力支持孫科競選副總
> 統，就在總統、副總統提名前夕，蔣介石突然表示
> 支持胡適出面競選總統，1948 年 4 月 1 日，就在行
> 憲國民大會召開後三天的晚上，陶希聖與其見面
> 說：「李宗仁如果當選副總統，很有可能有一天會
> 演出『逼宮』的戲來。為了副總統人選問題，黨內
> 已有分裂之勢，總裁向來以黨國利益為重，不計個
> 人榮譽，現在，他已決定不出任總統候選人，而由
> 我黨推胡適之先生為總統候選人，你對這一決策感
> 覺如何？」

陸鏗當時脫口而出：「太好了！這是國家之福。在國際
輿論方面，也將贏得非常好的反響。」於是陶希聖說他已奉
到總裁指示，要為胡適參選開始做一些準備。也請陸鏗要為
胡適寫一篇總統候選人小傳，並叮嚀說：「在國民黨中央正
式提名前，一定要保密。除胡適本人外，對任何人都不要
講。」

隔天，陸鏗與胡適見了面，並轉達了這消息。陸鏗描

述：

> 胡適那時的興奮之情，很自然地流露。我感覺到他
> 手上出了汗，近視眼似乎放出了光彩，面部保持微
> 笑；我的心跳也相加速，第一次在一個汽車裡進行
> 關係重大的採訪──為行憲後第一位總統立傳。

陸鏗繼續描述：

> 胡適根據憲法的規定，總統是國家元首，但不負責
> 具體行政事務。行政院長即內閣總理掌握行政
> 權。……胡適博士談到這裡，情不自禁地以未來總
> 統身分表達了他對蔣主席的誠意，著重指出：「如
> 果蔣先生決議不當總統，行政院長當然要請他擔任
> 了。」

4月3日夜晚，蔣主席與程潛、李宗仁談起為了使中國
民主奠立一個較好的基礎，最好總統、副總統都不要軍人而
讓文人出任。他本人也不參加競選總統，但李宗仁毫不保留
的拒絕。

在美國方面，司徒雷登也在早一日由蔣夫人的轉達得
知，蔣決定提名胡適為總統候選人的這一決定，司徒即時轉
知馬歇爾，並報告了杜魯門，獲得甚好的反應。

　　4 月 4 日一大早，陸鏗進了國民黨臨時六中全會的中央黨部禮堂，陸鏗的描述：

> 從 10 點討論到 12 點半，在毫無結論的形勢下，蔣總裁以半小時的時間，宣讀了他關於誰做中華民國第一任民選總統的設想……最好由國民黨推一位黨外人士做總統候選人，以示大公。這個人應該具備下列五個條件：……當蔣講完話後，全場馬上顯得騷動不安。陸鏗和狄膺說：「這不明明是指胡適嗎？」狄一面點頭一面答：「一點不錯。」
>
> 下午 3 點，繼續開會，三百中央委員分成了兩大陣營，各抒己見，各陳利弊。多數主張總統非蔣總統莫屬；但也有少數頭腦清醒之士，如邵力子、王世杰、雷震、羅家倫、黃少谷、黃宇人等都贊成蔣總裁放棄競選總統。
>
> 到了 3 點半，繼續開會，除了吳稚暉和羅家倫外，全是一片擁護蔣總裁出任總統之聲。孫科的「太子派」、李宗仁的「桂系」、于右任等元老派及他影響下的西北籍中央委員，支持程潛的以湖南籍黃埔軍人為主體的黃埔系，三青團以及陳果夫、陳立夫兄弟領導的 CC 系，一致反對提名胡適。

　　陸鏗繼續說：

我越聽越不是味道，越替胡適博士著急，我認為在這件事中，不僅胡適博士受了騙，我也受了騙。舉目向會場上一掃，人人都是正襟危坐，表情嚴肅，只有桂系的程思遠坐在一個角落裡很得意地跟我眨眨眼睛。

陸鏗文章結論指出：

蔣先生於 4 月 6 日下午散會前，以「俯順輿情」的姿態，宣布接受國民黨中央的提名，同意參加總統競選。一幕鬧劇，到此閉幕。

我根據陸鏗先生發表的〈奉命通知胡適為總統候選人〉一文，對照李宗仁口述、唐德剛撰寫《李宗仁回憶錄》，並未有這一部分的相關回憶敘述，讓我更覺得陸鏗的這篇文字可以提供給有興趣研究蔣介石與胡適關係，和中華民國民主化，以及戰後臺灣政經發展者的參考。（2021-09-07）

國史館《黃杰警總日記選輯》

2004 年 1 月 1 日，《聯合報》登載記者劉寶傑臺北報導，國史館繼出版「國防部檔案選輯」與「雷震獄中手稿」後，又根據國防部史政編譯室的「黃杰將軍工作日記」編撰《黃杰警總日記選輯》，內容比「雷震檔案」更清楚呈現了雷震案中，情治機構緊密策畫的情形，蔣介石總統的態度和指示，以及國防會議副秘書長蔣經國的角色。

劉寶傑報導中，說明黃杰的工作日記逐日記載，按月裝訂成冊，共五十二冊，可以概分為兩個部分：一為每日情報摘要，又可分為「匪情」和「國際情報」兩項，另一則為黃杰每日從早到晚的行事紀錄，如會議記錄、講詞、公文及信函之摘要或者影本。透過這份檔案，亦可證明統治當局在處理雷震案的整個過程中，蔣介石的態度和決策發揮了最具決策性的影響力。

在這天《聯合報》所摘要自《黃杰警總日記選輯》的內容中，特別與胡適有關的日記內容，是 1960 年 9 月 2 日的日記：

> 十七時三十分，總統指示：一、本案不必由行政院負責。二、本案行動以後，〔中委會〕唐〔縱〕秘書長可分別告知李萬居、高玉樹等，此次行動，係

> 處理《自由中國》半月刊之舊案，與反對黨毫無關
> 聯。同時請副總統〔陳誠〕電告胡適先生〔當時在
> 美〕加以說明。

9月6日的日記：

> 〔黃杰〕與唐秘書長晉謁副總統，副總統謂：胡適
> 已有來電，以「逮捕雷震、壓迫新政黨之組成行
> 動，是違憲的」等語，已決定請王〔雲五〕副院長
> 函覆胡適，告以劉子英案發，雷震涉知情不檢舉，
> 且包庇匪諜，於法難恕。

　　從黃杰9月2日與6日的日記裡，我們除了可以了解和
證實總統蔣介石和副總統陳誠處理雷震案的態度之外，高層
在乎的還是胡適對於該案的看法，特別是雷震主持《自由中
國》雜誌的批評執政黨，並且有意與臺灣地方仕紳李萬居、
高玉樹等黨外人士籌組「中國民主黨」，來制衡國民黨。在
我所了解的臺灣地方仕紳中，也包括曾任臺南市長的葉廷
珪，都是雷震拉攏的對象。
　　在國民黨之外的出現第二黨，這是符合胡適長期以來的
認為，民主政治就是執政黨要有在野黨的監督，這才是一個
民主國家政治運作的常軌。所以，胡適才會幫忙想出《自由
中國》雜誌的這一名稱，並在1949年4月6日寫下這本雜

誌宗旨的首要，強調要向全國國民宣傳自由與民主的真實價值，並且要監督政府（各級政府）的切實改革，努力建立一個自由民主的社會。

有關胡適與《自由中國》雜誌的關係，拙作《臺灣政治經濟思想史論叢（卷三）：自由主義與民主篇》已有專文探討。最近我閱讀胡頌平《胡適之先生晚年談話錄》，書中記載 1961 年 1 月 12 日胡適對胡頌平說：

> 這三個人都是《自由中國》半月刊裏的人。現在《自由中國》決定停辦了，這三個人都要另外安排一個工作，他們公開的跟王雲五、陳雪屏說明了。其中一名金承藝想到臺大法學院去教書，聽說一時還沒有成功。他是北大的學生，我幫了他的忙才出來的，我想請他到此地來。

胡適繼續跟胡頌平說：

> 上回他們請求總統特赦雷震的那封信是成舍我起草的。他們拿來要我簽名。我看見那封信的字寫得真好。我問是誰寫的？他們說是金承藝寫的。他的字很好，差不多有你這樣好。我想請他來幫忙你。我有許多文件需要早點出版的，由他專門來管我的那些文件，可以早點印出來。

　　從胡適為人處世的許多小地方，他都是如此熱心的樂於
幫人，更何況他與《自由中國》雜誌，和與雷震關係的交情
之深，也都有心要在臺灣推動第二黨，來建立真正的民主政
治。

　　1958 年 12 月 25 日的行憲紀念日，胡適先後有兩場講
演，一篇是《中華日報》，以〈九年來國際形勢與我國關
係──胡適在國代年會中演說〉的報導；一篇是《中央日
報》以〈光復大陸委會全體會上胡適博士致詞讚揚三民主義
係科學的、具兼容並包精神擁護以主義為主的反攻計劃〉標
題。

　　以下僅就《中華日報》與《中央日報》，這兩大國民黨
黨營報紙登載的內容加以引述。

　　《中華日報》對胡適在國代年會中演說的報導：

> 第一屆國民大會代表四十七年度年會昨日（二十
> 五）在臺北集會，出席國大代表一千四百三十八
> 人。胡適博士被推選擔任上午九時二十五分在中山
> 堂中正廳舉行的大會開幕式主席，胡適博士領導行
> 禮，並即席致開會詞，以〈九年來國際形勢與我國
> 關係〉為題，指出九年來我們度過國際形勢最險惡
> 的時期而逐漸好轉，主要因素是靠我們自己的努
> 力，再加上外界有利形勢的影響，才有我們今天站
> 得住的國際地位。

　　胡適講演內容的概略：從大陸淪陷時情況最艱困、韓戰發生後情勢漸好轉、中美締條約關係極重要、助我守金門美立場堅定、以主義反攻大家應努力等五個部分加以論述。

　　《中央日報》對胡適在光復大陸委會全體會上演說的報導：

> 光復大陸設計委員會副主任委員胡適，昨天在該會第五次全體會議中致詞，對總統前天宣佈反對修憲，以及總統昭示以主義為主，武力為從的反攻計劃，表示衷誠的擁護，這位無黨無派的學人，並且讚譽三民主義是反武斷、反獨斷、反教條、反不容忍，具有兼容並包精神的主義。他說：祇要我們保持這種精神，實踐這種精神，我們一定可以完成反攻大陸重建中華的使命。

該報導：

> 胡博士首先表示擁護總統反對修憲的主張，他說總統宣佈中國國民黨和中央政府不僅是沒有修改憲法的意思，並且反對修改憲法。對總統以主義為主，武力為從的昭示，胡適接著表示擁護。他說，在中美會談公報中，宣佈我們光復大陸要靠主義，靠人心，而不憑藉武力，當時有許多人批評失望，總統

19

在了解這些批評和失望的表示之後，重新慎重說明
這主義為主，武力為從的反攻原則，這是大政治家
的魄力和風度。

胡適博士回憶當時說：

中美公報宣佈以後，他和蔣廷黻博士談了半小時，
蔣廷黻認為不憑藉武力反攻大陸的宣佈，是一個新
時代的起點，而這一句話，代表了一個新轉變的開
始，當時認為這席話未免太過於樂觀，回國以後，
和許多朋友接觸，使他感覺到這一句話的確可以算
是新轉機的開始，政府正努力向這句話去做。胡適
博士說：今天，我願高舉雙手，贊成這一句話，並
且盡力協助政府去做。

這則報導最後也針對胡適闡述三民主義係科學的，也可
以說是反武斷、反獨斷、反教條、反不容忍，具有兼容並包
精神的做了登載。

另外，《中央日報》特別引《中央社》的新聞登載，胡
適於前一日下午在光復大陸設計委員會第五次全體委員會第
四次會議中，以「無黨無派，二無黨委員」的資格，發表演
說的內容之外；另又引《中央社》的一則新聞登載概略，胡
適是光復大陸設計委員會的副主任委員，他在二十四日該會

委員們的午餐會上發表演說，當時該會主任委員陳誠也在座。

胡適站起來說話時，滿臉笑容地說：

> 我是一個逃兵，本會成立了四年，除了去年夏天曾參加一次綜合研究組會議外，昨天才第一次出席會議。這幾年來，各位已經研擬了三百多個方案，其中有兩百多個方案已經整理好，我曾看過一部分，知道各位如此的努力。我這逃兵很感慚愧，對各位很感欽佩。陳（誠）主任委員告訴我的一個故事，我覺得很好，我應當為他宣傳宣傳。
>
> 這故事是：當本會第一任秘書長邱昌渭就職時，陳主任委員告訴邱昌渭一句話，「不要同別人比聰明，不要同大家比聰明。」胡適說：「我覺得陳主任委員說這句話有做總統的資格，有聰明而不與別人比聰明，這是做領袖的智慧，這是最高最高的聰明。我覺得這個故事是本會，也是將來歷史上的一個重要的故事。」

胡適又說：

> 我有一個同鄉聖人，名字叫朱熹，他是一個絕頂聰明而做笨幹功夫的人，他提出寧詳毋略、寧下毋

21

高、寧淺毋深、寧拙毋巧的十六個字，這是了不得的。由此可知剛才陳主任委員的那個故事，就是一個絕頂聰明的人，所走的一條笨幹的路。」胡適又引述龜兔競跑的一個故事，強調「絕頂聰明的人，多數都是走烏龜的路」。

胡適評論陳誠的有聰明而不與別人比聰明。胡適最後說：

> 朱夫子的十六個字，也許可以加在陳主任委員的名言之後，為我們做光復大陸之前，和光復大陸後設計工作的一個參考。這十六個字的前面的四個字，本會已經做到了，所研擬的方案，都很詳細，後面的十二個字，也可以供我們茶餘飯後參考。

檢視上述胡適在國代年會，在光復大陸委員會全體會上，和光復大陸設計委員會委員們的午餐會上的三場演說內容，其所凸顯憲法的修憲、總統的連任，以及副總統的接班等議題，都已經逐漸地浮上出檯面了。（2021-09-08、2022-03-07）

聶華苓〈雷震與胡適〉

2003 年 12 月 16 日，《聯合報》刊登聶華苓〈雷震與胡適〉一文。聶華苓在本文章的最先敘述，雷震與胡適在上海商量創辦一個宣傳自由與民主的刊物。《自由中國》是胡適命名的，雜誌的宗旨是他在赴美的船上寫的。

《自由中國》創辦時，他人在美國，卻是《自由中國》的發行人，雖不情願，也默認了，也為一小撮開明的中國知識分子撐腰。《自由中國》畢竟創刊了，他任發行人有關鍵性的作用。

1960 年 9 月 4 日，雷震等人被捕；10 月 3 日，開庭；8 日宣判。聶華苓引胡適 1960 年 11 月 18 日的日記：

> 總共三十年的徒刑是一件很重大的案子，軍法審判的日子（十月三日）是十月一日宣告的。被告的律師（指梁肅戎立法委員）只有一天半的時間可以查卷，可以調查材料。十月三日開庭，這樣重大的案子，只開了八個多鐘頭的庭，就宣告終結了，就定八日宣判了。這算什麼審判？在國外實在見不得人，實在抬不起頭來，所以八日宣判，九日國外見報，十日是雙十節，我不敢到任何酒會去，我躲到普林斯頓大學去過雙十節，因為我抬不起頭來見

人。

聶華苓的文章指出，胡適於 10 月 23 日回到臺灣接見記者表示《自由中國》為了爭取言論自由而停刊也不失為「光榮下場」。並說十一年來雷震辦《自由中國》已成為言論自由的象徵。胡適還說他曾主張為雷震造銅像，不料換來的是十年坐監，這——胡適在桌上一拍：「是很不公平的！」。
聶華苓很感傷的提到，

> 雷震判刑之前，甚至家人也不能探監。判刑之後，家人每星期五可以去監獄看他。我們一到星期五就眼巴巴望胡適去看看雷震。他可以不發一言，只是去看看雷震。那個公開的沉默的姿態，對於鐵窗裡的雷震就是很大的精神支持了。星期五到了。星期五又到了。是星期五又到了。一個個寂寞的星期五過去了，胡適沒有去看雷震。

聶華苓說她和殷海光、夏道平、宋文明幾個人忍不住了，要探聽胡適對「雷案」究竟是什麼態度。一天晚上，她們去南港看胡適。胡適招待了她們一頓點心，一點幽默，一臉微笑。這部分的情節，聶華苓後來在她的《三輩子》書中有更細膩和更多的描述。
11 月 23 日，雷震覆判結果，仍然維持原判。胡適對採

訪的記者說了六個字：「太失望，太失望。」，記者提到他
沒有去探監。他說：「雷震會知道我很想念他。」，聶華苓
說：

> 他〔胡適〕鼓勵雷震組織一個有力量的新黨，他自
> 己呢？不做黨魁，要看新黨的情形而言，結果新黨
> 被扼殺了，雷震被關在牢裡了。雷震覆判結果那
> 天，他在書房獨自玩骨牌，想必他是非常寂寞苦悶
> 的。真正的胡適關在他自己的心牢裡。直到 1962 年
> 2 月 24 日，他在臺灣中央研究院歡迎新院士酒會結
> 束後，突然倒地，他才從那心牢裡解脫了。

聶華苓的文章特別提到她感受，胡適對雷震是在鄉愿和
真情之間迴盪。胡適曾寫了兩首很有感情的新詩給獄中的雷
先生：「剛忘了昨日的夢，又分明看見其中的一笑。」，這
對獄中的雷先生是很大的安慰。

還有，1961 年 7 月，雷先生在獄中度過六十五歲生
日，胡適以南宋詩人楊萬里的〈桂源鋪〉絕句題贈：「萬山
不許一溪奔，攔得溪聲日夜喧；到得前頭山腳盡，堂堂溪水
出前村。」

聶華苓文章的最後也提到，雷震對胡適一直死心塌地地
崇敬，認為胡適因為「雷案」受了冤屈，並因為「雷案」突
然心臟病復發，倒地而死。胡適是他獄中的精神支柱。雷震

甚至在獄中夢到胡適談論「容忍與自由」，做了一首自勵
詩：

> 無分敵友，和氣致祥；多聽意見，少出主張。容忍
> 他人，克制自己，自由乃見，民主是張。批評責
> 難，攻錯之則，虛心接納，改勉是從，不怨天，不
> 尤人，不文過，不飾非，不說大話，不自誇張。

我讀 2011 年 5 月聯經公司為聶華苓出版的《三輩子》一
書，聶華苓提到，松江路一二四巷三號，是她在臺北的家。
當時的松江路只有兩三條小巷，在空盪盪的田野中。那房子
是《自由中國》剛創辦時，從當局借來的，那時正是吳國楨
任臺灣省主席兼保安司令部司令。這也間接證實雷震當時創
辦《自由中國》雜誌，是在層峰同意或至少默認下成立的。

聶華苓在其大作中亦提到，她剛在中央大學畢業，到臺
灣後開始寫作。殷海光是第一個鼓勵她的人。1952 年，胡
適第一次從美國到臺灣，雷震先生要她機場獻花，她拒絕
了。殷海光拍桌大叫：好！妳怎麼可以去給胡適獻花！妳將
來要成為作家的呀！聶華苓說她倒不是因為要成作家才不去
給胡適獻花，只是因為靦腆不喜公開露面。殷海光那一聲好
教得她一驚。

聶華苓當然可成作家，她在《自由中國》雜誌擔任文藝
版主編，也在臺灣的大學任教。赴美後寫作不斷，也與夫婿

創辦「愛荷華國際寫作計畫」，更在國際和華人的文學世界中發光發熱。

胡適藉由回臺參加國民大會第一屆第二次會議，受到「自由中國社」的歡迎，在茶會中的講話內容，1954 年 3 月 6 日《聯合報》以「胡適昨在自由中國社茶會中 讚臺灣言論自由 否認美報傳其被查禁說 痛斥一切社會主義違反自由」為標題，刊出了胡適講話的內容。

該報訊登載指出：

> 自由中國雜誌社歡迎胡適博士茶會，於昨（五）日下午四時在裝甲軍官俱樂部舉行，到會張其昀、雷震、毛子水、杭立武等百餘人。茶會由毛子水主持。胡適博士應邀演講，首先對於昨日上午外電傳他已在臺灣被軟禁的一項謠言，予於駁斥。那則紐約電報說胡先生是由於二月二十三日對《紐約時報》駐臺記者發表的一些話，而被政府軟禁的。

該報訊登載繼續指出：

> 胡博士說：「我見到這個電報，當時我告訴記者們說，我還有二十分鐘就到〔誠〕陳院長家吃飯（陳院長昨日中午宴請胡氏），下午要在裝甲軍官俱樂部演說。借著這個機會，我可以向大家報告，胡適

未被拘禁，行動仍很自由，上項謠傳是政府的敵人
惡意散布的。」

胡博士繼談到他於二月二十三日對《紐約時報》記者發
表談話的內容。他說：

《紐約時報》上登載了他談話的一部分，那句話是
「我看到的臺灣，在言論自由一方面，遠超過許多
人所想像。下面還舉例說明，可是《紐約時報》未
曾刊出。胡氏是以自由中國社七、八兩期曾連續刊
出殷海光翻譯的澳洲籍〔奧地利籍〕經濟學者海約
克於一九四四年出版〈到奴役之路〉一文，舉例證
實，《自由中國》的言論是絕對自由的。胡氏說：
這本書是自由主義的一本名著。已先後印行十版。
此名著用義，是根本反對一切社會主義。這位大經
濟學家認為社會主義基本原則，即是計劃經濟，故
一切社會主義均是違反自由的。

該報訊登載繼續指出：

胡氏又說他最近看到《自由中國》文摘轉載高壽康
寫的一篇文章〈資本主義的前途〉裡面也曾提到海
約克。那篇文章裏曾說：「我們現在對於資本主

義，應重新予以估計，這是我們當前的亟務」。結論並謂：「資本主義的前途，不但不會崩潰，且還有光榮的前途。」胡適謂：「由於以上這兩個例證，使他覺得，現在已有許多經濟學家、政治學家、思想家，已在開闢一條新路，就是對於國家的政治經濟，對症下藥，從基本、理論、哲學上，做根本的批評，這是很好的現象。」

該報訊又引：

胡博士繼談到二年前一個住在國外的中國朋友給他一封長信，也曾談到這個問題。那個朋友說，現在最大的問題就是大家認為左傾是當今世界潮流、社會主義是現時代之趨向。因此，認為中國亦應該順應時代潮流。信中並謂：中國士大夫階級，很有些人認為社會主義是今日世界大勢之所趨。其中許多受了費邊主義的影響，不少是拉斯基的門徒。
但是最主要的還是在政府任職的官吏，他們認為中國經濟的發展，只有依賴政府直接經營的工商礦業以及其他企業，保持這種主張最力的就是翁文灝、錢昌照兩個人，他們所主辦的資源委員會，在過去二十年中，把持了中國的工礦業，對于私有企業蠶食鯨吞，或被其窒息而死。他們兩位終於靠攏，反

美而諂媚蘇聯，似乎是有緣的。

社會主義與自由主義是否衝突、計劃經濟與自由經濟孰
優孰劣，國人討論甚多。該報訊登載繼續指出：

> 胡適謂：幾年前，國內外學者，均已逐漸有此普遍
> 的趨勢，他們已認清社會主義只是共產主義的一部
> 分，所以社會主義成功的希望遠不如共產主義。世
> 界上那些老牌的社會主義國家，如澳洲、新西蘭
> 等，都相繼拋棄了社會主義。英國勞工黨去年度競
> 選失敗，亦即意味着社會主義之失敗。目前世界上
> 只存有瑞典、挪威兩個社會主義國家。胡博士繼對
> 於他個人十幾年前對社會主義的錯誤認識，表示懺
> 悔。他說，他在《胡適文存》第三輯第一篇：〈我
> 們對於西洋近代文明的態度〉一文中，講到十八世
> 紀的新宗教信仰，是自由、平等、博愛，十九世紀
> 中葉後的新宗教信條是社會主義。胡氏說，他那時
> 與當時許多知識分子犯了同樣的錯誤，以為社會主
> 義是人類將來必然的趨勢。
>
> 胡適博士繼謂：他這種思想上的轉變，是幾年以前
> 就開始了。在《自由中國》前幾期曾由張起鈞翻譯
> 了一篇，他於一九四一年七月在墨西根大學的講演
> 題為「思想的衝突」。那篇文章裏曾說，一切所謂

社會的澈底改革，必然領導政治走向獨裁。胡氏說，他所以有此轉變，不得不感謝三十多年當中，歐洲兩大極左極右社會主義運動的失敗，所給他的教訓。所謂極右派，那即是德國的希特勒與義國的墨索里尼，極左派就是一九三七年俄國的布爾希維克革命，俄國人自己雖認為他們那次革命是成功了，可是我們以歷史的眼光看，他們卻是失敗了。

胡博士最後說：現在，大家不約而同的都注意到這個基本問題——一切社會主義是否與自由主義衝突。這是一個非常好的現象。希望大家再考慮考慮，我們走這條路是否是值得？將來反攻大陸後，是不是我們國家的經濟，是由幾個官吏來計劃，還是讓老百姓自己「勤儉起家」？希望大家能夠把這個問題公開討論，這條路是引我們走入自由之路，還是奴役之路！結語時，胡博士謂，他今天當眾首先向大家懺悔。

承上述，《自由中國》雜誌為胡適這次回臺，特地舉辦茶會邀請胡適前來演講，和從其講演的內容分析，我們就不難看出胡適為什麼會擔任《自由中國》雜誌的名譽發行人，以及後來胡適的關心「雷震案」的發展。有關這一部分的深入閱讀，可參考拙作《臺灣政治經濟思想史論叢（卷五）：臺灣治安史略》。

　　1959 年 4 月 2 日，《中華日報》登載胡適博士致函
《自由中國》雜誌，文是這樣寫的：中央研究院院長胡適博
士，近以《自由中國》月刊編輯委員身份，函致該社編輯委
員會「切實改善本刊的編輯方法」，「誠懇的盼望我們大家
作一次嚴重的檢討。」

　　胡適博士並以最近發生訴訟的陳懷琪事件為例，指出該
刊編輯部沒有調查「陳懷琪」是真名假名，是一個「大錯
誤」，認為該刊應作一次「嚴重的檢討」，切實改善該刊的
編輯方法。

　　該報登載指出，在此函刊載《自由中國》半月刊之前，
胡適博士曾以〈容忍與自由〉為題，撰文刊登在文前引用了
美國康乃爾大學史學大師布爾（Geroge L. Burr）對他所說
的一句話：「我年紀越大，越感覺到容忍（Tolerance）比
自由更重要。」

> 　　胡適博士結論：我現在常常想，我們還戒律自己，
> 我們若想別人容忍諒解我們的見解，我們必須先養
> 成能夠容忍諒解別人的見解。至少我們應該戒約自
> 己決不可以吾輩所主張者為絕對之是。我們受過實
> 驗主義的訓練的人，本來就不承認有「絕對之
> 是」，更不可以吾輩所主張者為絕對之是。

　　該報登載胡適博士寫給該刊編輯委員會的信，全文如

下：

《自由中國》半月刊的編輯委員會的各位同人：我
今天以編輯委員會的一個分子的資格，很誠懇地向
各位同人說幾句話。我在四十一年就懇求你們許我
辭去「發行人」的名義，那時我已預料到今天發生
的刑事訴訟案件一類的事遲早必會發生，發生時應
有發行人能實際負責。若用一個遠在海外的人做
「發行人」，那種辦法只足以叫人認為不負責任的
表示，實際上也不是爭自由的正當辦法。此次陳懷
琪的事件，我以為我們應該檢討自己的編輯方法的
是否完善。

此次事情由於「讀者來書」。編輯部沒有調查「陳
懷琪」是真名假名，就給登出了，這是根本是不合
編輯「讀者來書」的普通原則的，這是我們的大錯
誤。凡讀者投書，1.必須用真姓名，真地址，否則一
概不登載。2.其有自己聲明因特殊情形不願用真姓名
發表者，必須另有聲明的信用真姓名，真地址。否
則不給發表。我很誠懇的盼望我們大家做一次嚴重
的檢討，切實改善本刊的編輯方法。例如「讀者投
書」的編輯，必須嚴格的實行我上面指出的兩條辦
法。（國外通行的辦法真有一條，就是加上聲明，
投書人發表的意見，並不能代表本社的意見。）

此外，我還有兩三個建議：1.本刊以後最好能不發表
不署真姓名的文字。2.以後最好能不用不記名的「社
論」。當年的獨立評論與現代評論沒有不署名的社
論。3.以後停止「短評」。因為短評最容易作俏皮的
諷刺語，又不署名，最容易使人看作尖刻或輕薄。
（新青年的「隨感錄」，每周評論的「隨感錄」，
各條尾皆有筆名，可以指定是誰的筆名。）

有人說，社論須署名，則社論更難找人寫了，我的
看法是，爭取言論自由必須用真姓名，才可以表示
負言論的責任，若發言人怕負言論的責任，則不如
不發表這種言論，所以我辦獨立評論五年之久，沒
有發表一篇用假姓名的文字。我們當時的公開表示
是「用負責任的態度，說平實的話。」這種態度，
久而久之，終可以得到多數讀者的同情和信任。以
上諸點，我誠懇地提出來，請大家不客氣地討論批
評 胡適 敬上 四八、三、五日下午。

承上述，胡適提到所謂「讀者來書」，也就是因為這兩
則：〈軍人也贊成反對黨〉與〈革命軍人為何以「狗」自
居〉，由署名陳懷琪揭露軍中舉辦三民主義講習班的授課內
容，有醜化執政當局所引發的「陳懷琪事件」，最後更演變
成雷震《自由中國》雜誌與層峰之間關係的惡化。（2021-
09-09、2022-02-11、2022-03-09）

胡適〈中國古代政治思想史的 一個看法〉

　　胡適藉由回臺參加國民大會第一屆第二次會議之便，應臺灣大學之邀做了學術演講。1954 年 3 月 13 日《聯合報》以「臺大文史學系演講會中胡適學術演講闡述對中國古代政治思想史的一個看法」為標題，登載了胡適講演的內容：

> 胡適博士於昨（十二）日下午在臺大中國文學系、歷史學系、考古人類學系聯合舉辦的講演會中，曾以〈我對中國古代政治思想史的一個看法〉為題，做了為時兩小時的學術演講。講演會是由臺大文學院院長沈剛伯主持。胡博士是以他為哥倫比亞大學校慶紀念廣播講演〈亞洲古代權威與自由的衝突〉文中，所提到的中國古代政治思想史上的四件大事，作為他個人對中國古代政治思想史上的一個看法。

該報引胡氏說：

> 今年為哥倫比亞大學建校二百周年紀念，該校紀念校慶節目的一部分，有十三個講演，向全美廣播，

並錄音傳播全世界各地的哥大的校友。十三個講演
的總題目是〈人類求知的權利〉，前四個題目是
〈人類對於人的見解〉，第五個至第八個題目是
〈人類對於政治、社會的見解〉，下面五個題目是
〈近代自由制度的演變〉，胡氏講的題目是〈亞洲
古代權威與自由的衝突〉。包括巴比倫、波斯、印
度、中國等國家，因為這些古代亞洲各國有關於政
治、社會、哲學的文獻缺乏，又因為當時廣播錄音
的時間限制，只談到中國古代政治思想上的四件大
事，也就是他所謂的中國古代政治思想史上的一個
看法。

以下有關中國古代政治思想史上的四件大事，《聯合
報》登載，胡適說：

> 中國古代政治思想史上的第一件大事，就是所謂
> 「無政府的抗議」，是以老子做代表。老子是中國
> 古代第一個政治家，是一個無政府主義者的哲學
> 家，對於世界政治思想史上有許多的，有創見的貢
> 獻。老子所謂的「天道」，「無為而不為」，是很
> 重要的觀念。

胡適談到對於老子的考證時說：

最近幾十年來，如梁任公、顧頡剛、馮友蘭等人，考證老子年代，均認為應提早三百年。他在《胡適文存》第四講中，亦言談到老子的考證，認為他們的考證方法有錯誤。他個人的看法，根據現有材料及證據，他認為老子只比孔子早二、三十年，《禮記》中有「孔子問禮於老子」句，〈檀弓〉中曾有老子、孔子送喪遇日蝕的故事，足證孔子曾做過老子的學生，老子比孔子不過早幾十年。

胡適繼續說到：

老子的基本觀念即是「無為」，這種觀念亦影響到孔子，孔子曾謂「無為而治者，其舜也與」，又謂「為政以德，譬如北辰，居其所而眾星拱之」。老子的自然主義「天道」哲學，「無政府的抗議」，是中國古代政治思想上的第一件大事。老子曾謂「民之饑，以其上貪稅之多，是以饑」，「民之難治，以其上之有為，是以難治」，「民之輕死，以其求生之厚，是以輕死」，這是他對社會的基本抗議。老子這種基本政治哲學，在世界政治思想史上來說，自由中國在二千五百年前即產生了放任主義──無為而治的政治哲學，而西方國家，到十八世紀，才有不干涉政治的哲學興起。所以中國提倡

「無為而治」的政治哲學，比世界上任何國家早了
二千三百年。

胡適繼續說到：

　　至於老子的自然主義，「自」、「然」，即是「自
己如此」，也即是老子的所謂「天道」，所謂「天
何言哉」、「四時行為」、「百物生焉」。「天
道」就是「無為而無不為」，老子曾謂「我無為，
我民自化」，「我好靜，我民自正」，「我無事，
而民自富」，這也就是老子的「無為」政治哲學。
老子最有名的一句話：「太上下知有之」，其次為
「親之娛之」，再其次「畏之」，最次是「惡
之」。老子這種政治思想，對於後來有甚大影響。

又說：

　　老子的思想，影響到孔、孟，產生了自由主義的教
育哲學，以自由主義的教育哲學為基礎而產生個人
主義，可謂中國古代政治思想史上第二件大事。胡
氏說：孔子是教育家，而老子是有著反對文化觀
念，他認為文明代表墮落，他這種思想，歐洲十
七、八世紀時名學者盧梭也曾提出來，中國的這種

思想，也比世界任何國家都早。孔子因受老子的影響，所以孔子的政治思想方面，並無甚多創見，孔子提倡的，即是所謂「大同思想」但是，孔子所提倡的教育哲學，所謂「有教無類」，「類」就是「種類」「階級」，也就是教育不分種類不分階級的意思。孔子更講「仁」，《論語》上說「修己以安人，修己以安百姓」。孔子這種教育觀念是最新的，教育自己是有著社會的目標。《大學》上所謂「格物致知」、「修身齊家治國平天下」，是把教育個人與社會的關係連接起來，教育目標是「安人」、「安百姓」。曾子亦謂：「士不可不弘毅，任重而道遠」。孟子亦曾謂：「以天下為己任」。

該報繼續登載胡適對臺大師生的演講，胡適繼續說到：

這種孔孟精神，延續下來，宋朝范文正公曾謂：「士當先天下之憂而憂，後天下之樂而樂」。這種自由民主的教育哲學，產生了健全的個人主義。孟子謂：「富貴不能淫、貧賤不能移，威武不能屈」，這即是所謂人格。楊子、朱子、莊子、以至《呂氏春秋》，也確是提倡個人主義。莊子謂：「舉世非之，而不加阻，舉世譽，而不加勸」。個人主義之後，至紀元前三、四世紀中國古代集權政

治的興起，是為中國古代政治思想史上的第三件大事。胡適博士謂：紀元前四世紀秦孝公，採用商君變法造成中國古代政治史上的最大集權國家，這種集權制度的確定，雖由商君而起，但是這種集權政治思想是起於墨子。

胡適繼續說到：

以前無政府主義是講「一人一義，二人二義，十人十義」。墨子則謂：「天子唯能，一得天下之義」。所謂「上之所是，必加是，上之所非，必加非」，「上同而下不比」，是最好的政治，當時秦孝公對於政治、經濟的大革新，是重農，唱戰。商君講「戰」有所謂「一賞一刑一教」，「一教」就是任何知識、行為、名譽都不能踏進富貴之門，「富貴之門，戰而已」，「富貴之門，必出於兵」。「民之見戰也，如餓狼之見肉」、「能使民樂戰者王」。關於「一刑」就是「連座」，有所謂「告奸與戰敵者同黨」、「匿奸者與降敵者同罰」，「有軍功者，受上賞」，不戰，不農者，則罰奴隸工。秦孝公建設了集權國家，在一百年當中，居然以武力打平當時所謂的天下。到秦始皇八年後，李斯建議焚書坑儒，因之引起百姓叛亂，歷

40

史上這一段集權政治遂告崩潰。

該報最後登載胡適對臺大師生演講，提到中國古代政治思想史上第四件大事。胡適說：

> 漢朝四百多年的「無為而治」，使二千五百年的中國政治制度受到很大的影響，是為中國古代政治思想史的第四大事。胡氏謂：漢高祖起義後，在咸陽「約定三章」，所謂「殺人者死，傷人與盜抵罪」。漢高祖定天下後，解除了最嚴酷的政府法令。助漢高祖最有軍功的曹參，派山東齊國任相國，請蓋公襄助，實行九年「無為而治」，結果齊國大治。蕭何且死，舉曹參以自代，所謂「蕭規曹隨」，曹參亦繼續了蕭何的立法成規，實行無為而治。漢高祖死後，舉岱王為漢文帝，文帝實后，二十二年的政權，廢止連座，減課稅，使民得以生息，「天上政府，下不知有之」，漢朝有了這七十年的無為而治，始造成了四百多年的漢帝國，亦為「無為而治」的政治制度，豎下規模，因而使二千五百年多年的中國政治制度，都受了「無為而治」的影響。

承上論，胡適演講其對中國古代政治思想史的一個看

法，特別提出了中國古代政治思想史上的四件大事。在此，我願再引【胡適紀念館版】胡適手稿寫的《中國中古思想史長編》指出：

> 我們細看這三百多年的古代思想史，已覺約在這極盛的時代便有了一點由分而合的趨勢。這三百多年的思想，大致可以分作兩個時期，前期趨於分化，而後期便漸漸傾向折衷與混合。前期的三大明星，老子站在極左，孔子代表中派而為傾向左派，墨子代表右派，色彩都很鮮明。

胡適認為：

> 老子提出那無為而無不為的天道觀念，用那自然主義的宇宙觀來破壞古來的宗教信仰，用那無為無治的政治思想來攻擊當日的政治制度，用那無名和虛無的思想來抹煞當日的文化，這都是富於革命性的主張，故可以說是極左派。孔子似乎受了左派思想的影響，故也贊嘆無為，也信仰定命，也懷疑鬼神，也批評政治。然而孔子畢竟是個富於歷史見解的人，不能走這條極端破壞的路，所以他雖懷疑鬼神，而教人「祭如在，祭神如神在」；雖贊嘆無為，雖信仰天命，而終身栖栖皇皇，知其不可而為

之；雖批評政治，卻不根本主張無治，只想改善政治；雖不滿意於社會現狀，卻不根本反對文化，總希望變無道為有道。老子要無名，孔子只想正名；老子要無知無欲，孔子卻學而不厭，誨人不倦；老子說，「不出戶，知天下，其出彌遠，其知彌少」；孔子卻說，「學而不思則罔，思而不學則殆」。故孔子的思想處處都可以說是微帶左傾的中派。

至於墨子，胡適認為：

墨子的思想從民間的宗教信仰出發，極力擁護那「尊天事鬼」的宗教；一方面想稍稍洗刷那傳統的天鬼宗教，用那極能感動人的「兼愛」觀念來作這舊宗教的新信條；一方面極力攻擊一切帶有宗教革命的危險性左傾思想。他主張兼愛，說兼愛即是天志，這便是給舊宗教加上一個新意義。他要證明鬼的存在，這便是對懷疑鬼神的人作戰。他要非命，因為「命」的觀念正是左傾的自然主義的重要思想，人若信死生有命，便不必尊天事鬼了，故明鬼的墨教不能不非命。墨子的兼愛主義和樂利主義的人生哲學，和他的三表法的論理，都只是擁護那尊天明鬼的宗教的武器。故墨家的思想在當日是站在

　　右派的立場的。

　　胡適在闡述這三位明星的三件大事後，中國古代政治思想史進入胡適所謂的第四件大事，即是走到了漢朝時代的返回老子「無為而治」的政治思想。讀者若想要更進一步了解其之後中國政治思想史的演變如何？建議請閱讀胡適之先生的大作《中國中古思想史長編》了。（2022-02-14）

胡適談〈法統〉

〈胡適談法統〉的這則消息，是 1954 年 2 月 16 日，登載《中央日報》的【本報紐約 2 月 9 日航訊】：

> 一代學人，年來寄居紐約，不獨「考據」不廢，孜孜為學，對於祖國政治的發展，也是備極關懷，他此番毅然回國，參加國民大會，據其向本報記者表示，乃在尊重並維護憲法的法統，他對李宗仁抨擊召開國大是屬違憲一端，憤慨之至，連呼李宗仁糊塗不止，他認為二月十九日開幕的國民大會第二次會議，改選正副總統，乃是尊重並繼續中華民國法統的唯一合理措施，完全合乎憲法的正常途徑，絕無違憲之處。

該【航訊】繼續引述胡適的話：

> 第一，首屆國民代表的任期，依據憲法的規定，將於本〔1954〕年三月二十八日屆滿，故在二月十九日召開的國民大會第二次會議，即在承平之時，亦是合法，何得謂為違憲。第二，首屆總統的任期，依法將於五月二十日滿期，在期屆滿之前九十日，

則須召開國民大會，改選正副總統，所以此番總統的國民大會召集令，實是根據憲法而發，純是憲政的常軌。第三，依據憲法第二十八條的規定，每屆國民代表的任期，須至次屆代表就任之日，始告結束，茲以環境特殊，第二屆國民代表，無由產生，則第一屆代表的任期，仍屬有效，亦自可推選第二屆的總統副總統。第四，關於國代開會的法定人數問題，是屬選舉法的規定，而非憲法本身的問題，選舉法係由立法院通過，立法院當然有權修改。

所以胡先生堅持，此次召開國大，改選正副總統，實為憲法法統的尊崇與繼續，其他任何方法，圖謀改組政府，均屬違反憲法，難期國人的擁護。

【航訊】亦提到了「反共救國會議問題」時指出：

胡先生自己，是否準備競選總統或副總統呢？他說他是絕無此意，他此次回國，預定居留四星期至五星期，國大閉幕之後，即將趕返紐約，出席四月十三和十四兩日在哥倫比亞大學舉行的美國東方學會及遠東協會的聯合年會，在這次年會上，他將發表兩篇論文，一是應遠東協會之邀，文題寫〈中國古代思想中的懷疑精神〉，二是為東方學會而作，文題則是〈老子之人與書的年代問題〉，這兩篇的論

文，將就是胡先生年來考據研究的結晶。因此，胡先生將不能留臺，參加國大之後的反共救國會議，他說，他所知甚少，不願對這個會議的意義及其作用，表示任何的意見。但謂將來如果確有必要，或將再度回國，參加反共救國的會議。

【航訊】繼續指出：

對於自由中國今後的途向，胡先生認為最重要的是自己把得穩，站得住，樹立與共產黨獨裁專制完全相反的風氣，厚植自由民主的根基，一爭取大陸的民心，二以廣引世界的同情，如此內有民心之所向，外有自由世界的支持，自由中國的發展，大陸赤色政權的瓦解，乃屬必然的推演。胡先生指出，此次反共義士返臺，可為大陸人心歸向祖國的明燈，意義重大，實堪興奮。

【航訊】的最後談及籌設中的南洋大學，適之先生表示，林語堂先生是閩南人，出掌斯校，最為理想，但他對於林校長與南大董事會不打領帶的君子協定，則笑而不答。

檢視上述，當 1949 年 12 月大陸淪陷，國民政府總統蔣中正在下野的退守臺灣情勢，並於 1950 年 3 月重行視事；而副總統李宗仁則以治病為由，滯美不歸，凸顯了蔣、李二

人長期以來在政治上的「瑜亮情結」。

巧的是，當年胡適的在北京大學任教；而林語堂則是在廈門大學任教，在學術文化圈長期以來，也傳聞「北胡適、南語堂」的胡、林二人似亦存有「瑜亮情結」。

1954 年 2 月 20 日，《中央日報》登載，胡適之先生在第一屆國民大會第二次會議開會式中，擔任臨時主席的致開會詞全文，其重點我先筆記：

> 總統、政府各位首長、各位來賓、各位同仁：今天是第一屆國民大會第二次會議的開幕典禮，我昨天剛從國外趕到，就聽說各位同仁要我擔任今天的臨時主席，這是最大的光榮，我很誠懇地感謝各位同仁的厚意。臨時主席的任務是宣布開會，所以我想簡單的報告這一次會議的歷史的意義。

胡適開始提到：

> 八年前召集的國民大會，大家都叫做制憲國大，六年前召集的國民大會，大家都叫做行憲的第一屆國大。我覺得行憲兩個字很可以表示我們這第一屆國大的歷史任務，也很可以表示我們這第一屆第二次大會的歷史任務。第一屆國大的第一次會議，選舉了憲法頒布後的第一任總統副總統，由總統依據憲

法提出行政院長，經過立法院的同意以後，組織憲
法之下的第一個政府，這是第一次會議的歷史任
務，現在總統副總統的任期只剩下九十天了，在國
家蒙受歷史上空前大危難的時期，憲法的法統不可
以中斷，所以今天的第一屆國大的第二次會議的召
開，是繼續維持憲法的法統。依據憲法第二十五
條，第二十七條，第二十八條，第二十九條的規
定，舉行第二任總統副總統的選舉。

胡適在講演詞中，特別針對這次會議有部分人士提出違
憲疑問做了說明。胡適在解釋今天的集會是完全合法的，是
完全有憲法依據的，這一次開會的歷史任務是依據憲法舉行
總統副總統的選舉，使憲法的法統可以維持繼續，不至於中
斷。

胡適接著講到：

但是，我們今天回頭想想，不能不承認這個憲法法
統的維持繼續，真不是容易做到的事，是在困苦艱
難中勉強維持下去的，我們大家應該明瞭一個法統
不是會自動維持繼續的，而是要全國人民全體以精
神和物質的力量為維持繼續的。

胡適這時話鋒一轉，列了幾點感謝：

第一，我們不能不感謝我們的總統蔣先生，不能不感謝當日的東南行政長官，臺灣省主席，今日的行政院長〔誠〕陳先生，同許多忠貞的將領戰士，他們給我們保存了這臺灣省以及沿海前線的海島，做我們自由由中國的根據地。今日才能談憲法的法統，我們大家試回想民國三十八年，三十九年的危險，艱難，苦痛，我們都可以深刻的承認，若沒有了臺灣，也就沒有這個憲法的法統了。第二，我們不能不感謝許多忠貞的文官，忠貞的公務人員，忠貞的國民，他們在這幾年最困難的環境之中，維持住這一個政治、法律、經濟的規模，使五權憲法得以繼續行使，使人民的生活得以繼續存在，繼續維持，到今天才能看到憲法法統的繼續。第三，我們不能不感謝我們自己一千四、五百位國大代表同志，他們拋棄了他們的故鄉，從九死一生的苦難裏逃出來。來到這臺灣寶島，受到種種生活上的困難痛苦。毫無怨尤，他們為的是什麼？為的是要維持這個「代表全國國民行使政權」的國民大會。

胡適又說：

我們試想，若是沒有這一千四、五百位忠貞國大代表跟著政府，支持政府，我們今天還能繼續維持這

個憲法的法統嗎？還開得成第一屆國民大會的第二次會議嗎？我個人站在國民大會一份子的立場，要向各位同仁表示最大的敬意。所以我們說，維持這個憲法的法統，真不容易的事，我們幸而有這三個條件存在，才能達到。我們看因為有這三大力量，海內外的人心都朝向自由中國的法統。

最後胡適的致開會詞特別提到：

今天在會場的外面有一萬四千個反共義士，他們在四個禮拜以前，在那樣困難的情形之下，向全世界表示他們的自由意志投票，回到臺灣來。今天我們在會場內工作，要曉得一萬四千反共義士他們抱著熱情，在那裏做我們的證人，我們的一舉一動，要對得起這一萬四千冒著生命危險，冒著長期的困難來到臺灣的義士，我們應該如何維持憲法的法統，如何繼續努力造成一個自由的中國，才能不辜負他們的熱情。這是今天我很匆忙中想到要向諸位報告的開會詞，現在請我們敬愛的總統蔣先生給我們講話。

胡適在這屆國民大會的第二次會議的致開會詞，可謂句句提到維持憲法法統的重要性和必要性，除了多次贏得熱烈

掌聲之外，他特別提要感謝：總統蔣先生、行政院長陳誠，和將領戰士；忠貞的公務人員和忠貞的國民；一千四、五百位國大代表，也提包括他自己的國大代表身份。

更重要的，胡適也不忘配合當時會場的氛圍，提到要感謝 1954 年韓戰結束後，一萬四千多名選擇回到自由中國臺灣的反共義士。

然而，我讀完這篇胡適在國大的致開會詞，特別感受的是國民大會這一代表政權的機構和維持法統說。如今，隨著臺灣政經體制變革與中華民國總統、副總統，於 1996 年的改為人民直接選舉，皆已不復存在矣！但仍留下來的是：胡適一生所強調人權、自由、民主的思想與精神。（2022-02-08、09）

胡適〈美國的民主制度〉

1954 年 3 月 18 日，《聯合報》登載胡適先生的這篇講演，據該報指出，胡適博士，於昨天（十七）日在聯合國中國同志會第九十次座談會中，以〈美國的民主制度〉為題，發表演說。座談會由程天放主持。該報刊載指出：

> 胡博士首就此一問題之事實性，予以解說。他說：現在〔指 1954 年〕的美國，能在其三百多年歷史當中，開闢那麼大的地域，使它成為文化最高，生活程度最高，人民最安樂的一個國家，這是人類史上的一個奇蹟。所以，要講現代西方文化，當然不能不注意美國的制度，以及它的文化、政治、經濟、人民生活、文化水準。所以，我們今天談這個題目，當然會引起大家的注意。何況，今年正是自由中國〔指中華民國〕六年一次，第二次的大選。
> 此外，另外還有一點，就是前些時〔1953 年〕我寫了一篇文章〈追念吳稚暉先生〉，有一位老朋友寫文章批評，裏面有一句話，說：共產黨難道完全都不好嗎？共產黨提倡科學化、工業化難道也是要不得嗎？看了這個朋友的文章，使我想到三十年前，討論到我們對西洋現代文化的態度與了解時，我曾

發表一篇文章，指出現代西洋文化有三方面：一是
物質的、工業的、技術的，二是科學的，三是民主
的制度。

表面上看，提倡科學化、工業化都是現代西洋文化
的要素，可是缺少了第三要素，沒有民主制度，就
等於從前日本軍閥，提倡科學化、工業化，而沒有
民主，結果闖了大禍，也等於希特勒，雖然德國在
科學、工業方面，佔著歐洲領導地位，但是因為它
的軍國主義，終而導致第二次被人征服。

胡適又說：

一九三八年，我出任駐美大使時，某一天蘇聯大使
拿給我一本一九三六年的史達林憲法請我看，並誇
稱蘇聯憲法，是世界上最民主，最完全的憲法。我
曾對他說：「是很好的憲法，可惜的是，就缺乏一
樣東西，沒有『民主』在裏面」。胡氏繼指出美國
憲法的基本精神，頭一項即是民主。他說民主的第
一個條件，就是人民控制政治的權利。美國在一百
七十年前，制訂了世界上第一個人造憲法，真正民
主共和制度的憲法，它裏面，最重要的，就是人民
控制政權的轉移，這是美國憲法的基本精神。這是
美國憲法的基本精神。胡氏旋就美國兩黨政治所表

現的民主傳統精神，加以闡述。

胡博士接著又以民主制度最後的目標——自由——，說明美國民主制度。胡適說：

> 民主制度最後最後的目標，是保障人民的生命、自由、財產，這三項基本權利，在美國獨立宣言裏，是有此三項：「生命、自由與追求幸福」。這都是一樣的。美國最初制定憲法時，認為人權，保障人民自由是當然的，是央格魯的傳統，所以未有明文規定，其實，自由是需要兢兢業業的保障它，保護它才可以。
>
> 所以，到一七九一年，又通過十條修正案，就是所謂「歷史上美國人民權利的妨礙」。這十條修正案，都是人民享有無條件的自由。如第一條，規定國會不得制定法律禁止信教自由、國會不准立法限制人民言論自由、出版自由、國會不得制定法律剝奪人民集會自由及向政府請願自由。

胡適的講演，除了闡述美國的民主、自由之外。胡適最後指出：

> 一七〇年前的美國老祖宗，及感覺到他們需要自

由，自由的權利要保障，當時，毅然決然制定了十
條修正案，這些人民自由方案，規定是無條件的自
由，一百六十多年來的經驗，並未遭遇多大困難，
可是在面對最大的，最危險的敵人——共產黨——之
前，感覺到危險了，這些無條件自由保障，已被共
產黨引來作護身符。然而美國大多數人民，仍然在
考慮之中，是這十條修正案，完全推翻嗎？還是我
們過慮？這些問題，值得我們想想。也是值得我們
以他們一百六十年的經驗作參考。

　　1954 年 3 月 18 日，胡適的這篇闡述〈美國的民主制
度〉，是胡適回臺參加第一屆國民大會第二次會議的對「聯
合國中國同志會座談會」上的講演，當時被稱為自由中國的
中華民國還是聯合國的會員國，而且是五個常任理事國之
一。1957 年 11 月，胡適被任命中央研究院院長，隔年 4
月，胡適離美抵臺履新。1962 年 2 月，胡適心臟病猝死於
任內。1971 年 10 月，中華民國被迫退出聯合國。
　　上述這幾個重要的時間點，對照與胡適對「聯合國中國
同志會座談會」講演〈美國的民主制度〉的內容，我們不但
可以感受到胡適談民主時，常與自由並舉。我們也不禁要檢
視中華民國在歷經政治民主化多年之後，對於胡適所謂「無
條件自由保障」的程度到底做了多少？（2022-02-16）

胡適〈美國大學的革新者——
吉爾曼的貢獻〉

　　1954 年 3 月 27 日，《臺灣新生報》刊出這篇胡適的講演稿，是胡適利用這次回臺開會之便，在繼前應臺大文史學系演講會之後，在臺灣大學發表的第二場次。胡適這（26日）場次的講演，是應臺大紀念傅故校長〔斯年〕的學術演講會，胡適特以〈美國大學的革新者——吉爾曼的貢獻〉為題，作兩小時之講演，講述了吉爾曼（D. C. Gilman）氏，以其遠大之眼光，學識及勇氣，使美國對大學教育的觀念在近一百年內大為改變，從四年本科的學院提高到以研究院為本位的大學，使美國教育獲得重大之改進。

　　該報登載，在講述吉爾曼改革大學教育的經歷前，胡博士首先感慨的說：

> 我們幾千年古國，竟沒有一所大學有六十年以上的歷史，在歐洲，義大利有近千年的波羅利亞（Blogna）大學，法國有九百多年的巴黎大學，英國有八百多年的牛津大學，七百多年的劍橋大學，其他五百多年的大學，歐洲有四、五十個之多。
>
> 在美國這新興的國家，獨立以來僅一百七十年，但他們有三百多年的哈佛大學，二百多年的威瑪

（William and Mary）大學，和耶魯大學，雖然我國
漢朝時候有「太學」設立，算起來也有二千多年歷
史，在漢武帝時太學裡從五個博士教授，五十個學
生開始，到東漢時學生增到三萬人，曾經成為言論
自由，政治批評的中心，可惜太學的制度、風氣、
書籍、設備、財產，都沒有繼續下來，到今天我們
最老的北京大學，才不過五十多年歷史。

其後胡博士及開始講述吉爾曼從事大學教育改革的經
歷，我概述其內容：吉爾曼出生於 1831 年，卒於 1908 年，
1840 年進耶魯大學，畢業後與好友懷特（Andrew Dwhite）
同時任職於美國駐俄使館，停留歐洲數年間深入考察歐洲教
育制度，後來兩人都成為美國教育的革新者，更曾分別擔任
康乃爾大學與霍普金斯大學校長的傳為美談。

1855 年，吉爾曼從歐洲回國，最初回到母校耶魯協辦
謝菲爾理科學院成立，並任秘書兼圖書館主任及地理學教
授；1872 年應邀擔任加利福尼亞大學校長，該校因屬州
立，學校發展處處受制州議會，讓吉爾曼有志難伸，3 年
後，他在眾望所歸之下接受霍普金斯大學校長一職。

吉爾曼校長認為，無論如何，一個大學的效率，不靠校
舍，不靠儀器，只靠教員的多寡好壞，於是他費了一年功
夫，去尋訪人才，當時既有理想，又有錢，又有自由，他去
遍歐洲、英國、美國聘請到許多名教授。一年後，學校開

學，他當時對大學的見解是「研究院是大學，大學生是研究生，大學必須有思想自由、教學自由、研究自由」，他說過「研究是一個大學的靈魂，大學不是僅教學的地方，學生不要多，必須要有創造的研究人才。」

霍普金斯大學在吉爾曼的領導之下，第一個目標是提高大學的研究工作。第二是傳布研究的成績。為了實現這兩個相關聯的目標，他提倡大學教授合作辦幾個專發表研究成績的專門雜誌，成績即可重視。此外霍大早期研究生裡，後來很多成為學者，如美國總統威爾遜、哲學家杜威等。

所以，當吉爾曼七十歲從學校退休，也正是該校創校 25 周年的紀念會上，當時尚在普林斯頓大學擔任教授的威爾遜總統，在賀壽文上說：

> 傑佛遜在他的維金尼亞大學計畫裡，定下了美國大學的規模，但你老先生是第一個人，建立一種新的美國大學，在這新大學裡，發明新的真理，傳布新的真理。在這新大學裡，研究工作者的訓練最可以表現研究在教育上的功效與價值。

哈佛大學校長華倫也說：

> 吉爾曼先生在霍普金斯大學，給全美國的大學開創了一個新紀元，他把大學看作研究院，他逼得我們

59

都不能不跟着他走，跟着他改革，他不但發展了霍
大，並且使別的大學校長知道如何發展他們的大
學。

胡適最後結論說：

有了吉爾曼的霍普金斯大學，美國才有以研究院作
本體的大學，美國才把舊的學院（college）提高到
university，才有了真正的大學。霍大開學到今天，
不過七十八年，他的影響卻使美國爭取到全世界學
術研究中心的地位了。

我認為環視當今全世界的著名大學中，霍普金斯大學已
是百名內的大學地位了，尤其是在醫學科學方面更是赫赫有
名的學術研究中心。回頭看看自己當今臺灣的大學，真正具
有學術研究水準的並不多。

當然我們也不能妄自菲薄，特別是許多所從專科升格改
制的科技大學，除了要具備有專業技能，以配合國家經濟與
產業發展之外，也不能忽略了大學中的通識教育課程，來培
養具備全人格的人才。（2022-02-18）

胡適的國大會議與民主改革

1954 年 3 月 29 日，《聯合報》登載，北大同學會於該日前一天，在臺大校總區教員休息室舉辦茶會，歡迎該校校長胡適博士。茶會由北大三十八期畢業同學金承藝，代表同學會致歡迎詞，引用胡氏所言「善未易明，理未易察，慎思明辨」，說明胡氏主持北大校政多年，已為自由主義埋下反共的根苗。

該報引：胡適博士致詞時，對於他八年以前在北大引用呂祖謙《東萊博議》上面的兩句話「善未易明，理未易察」，仍能為同學們記起，覺得很高興。

胡適說：

> 我講這兩句話，沒想到竟引起共產黨特別注意，一九五一年底，在上海、華南等地舉行的所謂「胡適思想清算座談會」，《大公報》上曾出專頁刊載，其中許多問題當中，有二、三個人，特別提我這八個字，說胡適是「存心最惡毒」，「煽惑人心」，又說我是「掩飾我擁護蔣介石的意思」。由此，可知共產黨特別提出來，在我來說，至少我這句話沒有浪費。

　　胡適繼從大陸清算胡適思想，談到當前言論自由問題，
他說：

> 有一天，我曾與許多政府首長談到言論自由問題，
> 我說真正的言論自由，並不是說有人可以做文章罵
> 錢校長，罵鄧廳長，罵程部長，這不能算是言論自
> 由，真正的言論自由應該由政府向人民嚴正表示，
> 現在是「百無禁忌」，「百無禁忌」才是言論自
> 由。政府向人民表示，孫中山也可以批評，國民黨
> 基本教條，三民主義，五權憲法，都可以作為批評
> 對象，這樣才算是真正的言論自由。為什麼有此需
> 要呢？譬如孫中山先生的三民主義，是他在聯俄容
> 共時期講的話，所以裡面曾有「民生主義就是社會
> 主義」，更有好幾個地方，提到民生主義與共產主
> 義沒有大區別，而這些話，很容易讓人家作為「思
> 想走私」的一條路。

胡適繼續說：

> 上次我來臺時，曾有報紙批評民主自由，說現在有
> 人提倡民主自由，孰不知道這些年來，共產黨所以
> 能使得大陸淪陷，都是因為有些人盲目提倡思想自
> 由，使共產主義乘隙而入等語。那天，我與一些政

府首長談到這些，我曾說不是如此，因為三民主義裏面有些是「空泛的輪廓的思想」，所以「走私」的成分最大。

胡適說：

假若我們把真理看作一種假設，證據不充分，寧可懸而不斷，因為真理是不容易知道的。而這個態度共產黨正要打倒它，這也就是為什麼因我平淡無奇的兩句話，竟會讓共產黨大動干戈清算。

接著，胡適談起大陸「思想改造問題」，痛斥朱毛匪幫改造思想罪行。最後胡適博士說：

北大的確留下一些思想，在共產黨眼裏是認為危險的，究竟哪些思想是共產黨最怕的，我們就拿來作反共抗俄的武器。

1954 年 4 月 6 日，《臺灣新生報》登載，中外知名的學者胡適博士，已於 5 日下午乘西北航空公司班機飛東京轉往美國，朝野人士及學術界名流數百人，曾在機場送行。胡適博士係 2 月 18 日自美抵臺，出席國民大會，他行前讚揚這次國民大會「圓滿的成功」。他對記者說：「此次國民大

會無論出席人數，或是會場秩序和精神，都超過預料。」該
報又引述：

> 這位忠誠維護憲法精神法統的愛國學人，特別指出
> 「憲法法統的繼續，是此次大會的最大成功」。他
> 認為這次大會「在選舉方面，表現得不錯」。他
> 說：「這些好的方面都值得我們讚揚。」胡適博
> 士希望政府繼續努力，「實行憲政」。他說：「我們
> 憲法中規定，人民的權利和義務，都是無條件的，
> 從憲法第八條到第十八條都有明白的規定，祇要大
> 家努力去做，去爭取，這才是我們憲政的精神。」
> 胡適博士正式向記者聲明，他已接受臺灣大學的聘
> 請，將於本年十月初返國，在臺灣大學文學院做為
> 期六個月的講座，其講題可能為「中國思想史」。

1954 年 4 月 8 日，《工商日報》引〈東京七日中央社
專電〉指出：

> 胡適博士本日在此間一次集會上向華僑領袖及中國
> 官員保證說：在蔣總統第二任總統任期下的中華民
> 國新政府，將致力於在自由中國各方面實行更多的
> 民主改革。胡適說，他在自由中國停留兩個月期
> 內，特別高興看到政府官員及一般民間新氣象與新

信心的生長。

胡適博士對若干外國報紙的批評加以擯斥，他強調
說，他相信蔣總統和他的顧問及部屬們，在致力推
動常為戰時控制所阻的更多民主改革及自由方面是
最有誠意的。胡適博士是於今午在他離此前的兩小
時，在此間一群華僑領袖中國機構代表及使館官員
的聚會上發表談話。他於六時半飛美。

該報載電文，繼續引用胡適於被請評論迅速發展中的遠
東情勢時，對中央社記者說：

在以越南戰局為中心的東南亞，某種令人興奮的大
變化，已隱然可見。他預測美國可能在今後兩個月
內對于越南局勢採取一種非常重要的緊急決定。他
說：預言常是危險的，但中國算命家愛說的那句大
家熟知的話：「遠在天邊，近在眼前」，很可以用
以概述目前的國際局勢。胡適說，他相信朱毛匪幫
參與越戰一事，現已確定，該地的局勢將能很快地
轉變到一個新階段。

該報引電文還說：

胡適在停留二日期間，曾於昨晚在董〔顯光〕大使

舉行的宴會上，向一群日本文化界及報界文人發表演說，他向日本友人告自由中國正以驚人的速度邁向民主，他告日本友人說：在教育及工業方面，日人在臺所奠的良好基礎，不但被中國政府加以保持，而且還在不斷擴充中。他對臺灣所行的土地改革，極度讚譽，他指出說：此種措施之分外值得注意，是因為它已向世界表明此類重大的經濟及土地改革，在戰時一樣能夠實行。

大家對胡適有一項很特別的評價，就是胡適絕不會在外國人面前批評自己國家的不是，儘管他在國內經常批評政府有諸多的需要改革，需要更民主、更自由的開放。

檢視胡適這次自美回臺的二個月期間，不論擔任第一屆國代第二次會議的臨時主席，或在其他各種場合的發表談話，乃至於在大學的演講，他總是保持著學者應有的風範。更令人值得學習與敬佩的，我們知道何況這個時候胡適正處在他人生陷於低潮的時刻。（2022-02-21、22）

胡適〈自由中國之重要性〉

　　胡適的這篇演講稿，1955 年 4 月 14 日，《中央日報》
在刊出該文的前言中說明，胡適博士本年 3 月 11 日及 14
日，曾先後在美佛吉尼亞州史威特布芮爾大學「瞭解亞洲」
論壇會、及該州查洛士城國際問題研究會席上，以〈自由中
國之重要性〉為題，發表同一演說，對自由中國之重要性多
所闡述，並對反共復國，表示堅定信心。

　　該報刊頭繼續引胡適的話，歷史的教訓使他展望到有一
天，一個戰爭將會強加諸於自由世界，而在這樣的一個戰爭
進行之際，中國大陸由於她所具有的非常戰略重要性，終將
被解救，擺脫世界共產主義所加的控制。中央社駐美記者的
近訪胡適博士，採訪中央研究院院士集會消息，獲此講詞，
茲予譯出，以饗國內讀者。

　　胡適這篇講詞共分：杜勒斯國務卿名言、臺灣的簡單介
紹、中美建立太平洋聯防、亞洲紛擾的禍源、中國大陸光復
不遠、臺灣是自由的堡壘、中國大陸的戰略意義等七個段
落，來闡述自由中國之重要性。

　　胡適講詞首先引杜勒斯國務卿名言，由於杜勒斯剛於 3
月 8 日曾對美國人民報告他最近的遠東之行，其中談到自由
中國時，特別指出，我最後訪問之處是臺灣，我在那裏交換
了中美共同防禦條約的批准書，使該一包括臺灣與澎湖的共

同防禦條約正式生效。批准交換典禮，是在觀禮人員歡呼聲中舉行，他們咸認為此一條約，具有一種重大的意義，只要美國能予保證，一個自由中國將來將永遠屹立。

胡適對「自由中國」一辭也做了解讀：

> 簡言之，有兩種合義：一「自由中國」是不受共產黨控制的一部分中國；二「自由中國」是要使整個中國不受共產黨控制的一種思想和希望。現在一般人說到「自由中國」時，通常是指現在臺灣及附近島嶼上的中華民國而言；但是當一位熱誠愛國的中國人士想像到「一個自由中國」時，他心中所想的自然是整個的中國大陸，是一個解除共產黨桎梏，恢復獨立自由的中國，這種想法是極其自然的。前者自由中國是狹義的，直覺的；後者之自由中國是廣義的，想像的。

最後，胡適談到，就以三億四千二百萬〔指當時中國大陸的人口〕而論吧，這已是一個龐大的人力資源了。因此重大的問題是：我們將把那個龐大的人口留給文明之敵，任其取用，任其加以教條的灌輸，任其訓練並用以進行戰爭呢？還是文明處此戰爭緊迫的時期，爭取生存的關頭，將奮戰以把那個龐大的人力資源贏奪回來呢？以上所說就是一個自由中國所具的重大的戰略重要性。

　　檢視胡適的這兩篇在美國講演的時間，是胡適在 1954
年 2 月，回臺參加第一屆國代第二次會議，和 7 月受聘「光
復大陸設計委員會」副主任委員，尤其是於 11 月，中國大
陸開始大規模展開批判胡適運動之後。

　　相較之下，胡適受到自由中國的國民黨政府的禮遇，而
在大陸卻受到共產黨嚴厲的思想批判，胡適當時在美國的處
境與心境，冷暖自知，我們當知其對於堅持的自由民主思想
是可以想像的。（2022-02-24）

胡適〈國家發展科學培植人才的
五年計劃的綱領〉

1958 年 4 月，胡適就任中央研究院長，5 月擬定〈國家發展科學培植人才的五年計劃的綱領〉（草案）。1958 年 11 月 13 日，《自立晚報》登載這則有關於胡適的消息，是該日上午胡適向全國工程人員透露：政府已於本（1958）年 8 月 22 日召集了一個委員會，討論決定以大量經費以從事長期性科學學術研究與發展，並將延攬國外科學人才返國共同從事此一國家根本大計之工作。

該報引述：

> 胡適博士自認未經政府同意，而宣布此一消息，他說：這還是第一次發現政府有此「長期性」從事研究發展之思想與觀念，並付諸討論，且討論得很有結果。他認為這是過去只知苟安生中的最好消息，值得吾人舉起雙手，全力支持與擁護。惟胡博士指出，此一討論之結果，由於八月二十三日共匪炮轟金門後，而無下文，這是不對的。胡氏認為從事長期性科學學術研究與發展，是一個國家應走的道路，也是國家的根本大計，因此不能因為匪炮轟擊而使之終止、退卻，或減少熱心。

胡適稱：

> 一九四五年八月兩枚原子彈投向日本的廣島與長
> 崎，是結束二次世界大戰的最大因素。美國在科學
> 上花了很大的功夫與時間，才有原子彈的發明，事
> 實上，這是美國總統羅斯福在數年前聽了科學家的
> 話，設了一個科學研究發展完成的機構，由兩三個
> 人和少數的經費做起，到美國政府以兩億以上的經
> 費和集中大量的科學家從事不斷的研究發展，才能
> 夠獲致如此重大的成績。

胡適認為我自由中國今天仍缺乏基本科學的研究，更缺
乏基本科學研究的人才與設備。就整體而言，胡氏認為政府
的觀念與思想最為重要，對人才缺乏的問題，則係由於人才
的長期「出超」。「人才出超」的主要原因，是美國有研究
科學之較好環境與待遇，是美國有注意、培養與鼓勵科學研
究之思想與風氣。

胡博士因而道出，他在十一年前大陸尚未失陷的想法，
亦即為爭取學術獨立之十年計劃，雖然此一計劃，因共匪叛
亂而告擱置，但要使中國取得世界上獨立研究科學學術的資
格，國家應以全力培養若干所大學，在若干年內，全力發展
其研究科學，使其有「研究力」，有充分研究發展的環境。
他指出過去十年計劃，是把國內一百十餘所大學中，先挑選

五所，在五年中傾全力發展。五年後再選五所，加以同樣的
發展，如此則十年必定有成。

該報最後引述胡適博士感嘆地說：

> 現在雖談不上培養五所十所大學，但至少要往這條
> 路上走，這一切就要看政府及主持研究之人是有無
> 此一思想觀念與抱負。

讀完胡適這篇殷殷寄盼於國家發展科學與培養大學學術
研究能力的苦心，乃至於我們再閱讀 12 月 8 日，《臺灣新
生報》登載，胡適 7 日假「中華農學會聯合年會」，以〈基
本科學研究與農業〉為題，發表了同是呼籲政府重視科學研
究的演講。

我們對照當今國內的科學研究環境與培養大學的研究
力，我們是不是也要有如胡適的同樣般感嘆。我們實在也不
忍苛責胡適身居中央研究院長的最高學術殿堂，畢竟他
1958 年 4 月才就任院長，1962 年 2 月就因心臟病猝發死於
任內。在這不到四年的時間裡，胡適即使是神仙也心有餘而
力不足啊！（2022-03-02）

李青來〈羅家倫談胡適使美二三事〉

　　〈羅家倫談胡適使美二三事〉的這篇報導，是登載於
1958 年 12 月 17 日《中央日報》，該報記者李青來引述羅
家倫談話的撰寫而成。這當日的採訪背景是北京大學六十周
年校慶，同時也是該校校長，現任中央研究院長胡適的六十
晉八壽辰，北京大學同學會用簡單餐會的方式，來紀念並慶
祝這一雙重喜事。

　　其中該文引述羅家倫提到：

> 胡適在美國做大使時，珍珠港事變以前，我國外交
> 史上的一段珍聞。那時，政府徵求胡先生就任駐美
> 大使時，正是武漢快要淪陷，國家最艱苦困難的時
> 代。胡先生發表駐美大使消息傳出之後，美國朝野
> 非常歡迎，尤其是羅斯福總統。
>
> 羅斯福總統是美國哈佛大學出身，當時哈佛大學在
> 慶祝該校二百年校慶時，曾經挑選了世界上五十位
> 對學術有貢獻的人，授予名譽博士學位，我們中國
> 祇有一位，這一位便是胡先生。羅斯福總統一向對
> 於哈佛所推崇的人，很表重視。因此，他對於胡先
> 生便格外推崇。他們倆人之間的關係，很快地由於
> 公務的關係發展到私人友誼。

羅家倫又說：

> 在珍珠港事變以前，日本曾派了兩個特使去到美
> 國，一個是來栖三郎，一個是野村吉三郎。日本派
> 這兩個特使到美國的目的，是想得到與美國訂立一
> 項新的協定，讓美國允許他們對「中國問題」得到
> 條約上的了解，美國當時曾予拒絕。後來日本退
> 讓，希望與美國訂立一項三個月的臨時妥協換文，
> 羅斯福總統當時把這消息親口告訴胡先生，並且要
> 他打電報給中國政府同時徵求蔣委員長的意見，凡
> 有關中國權利的事，一定要得到中國同意之後，美
> 國才會去做。胡先生打電報到重慶，把這消息秘密
> 報告並請示。
> 當時，三個月的日美臨時協定，對中國方面亦不無
> 相當便利，其中最主要的一項，就是中國從國外購
> 買來的軍火與物質，在這情況下，沒有國際戰事，
> 可以不受日本軍艦的檢查與截留，況且當時尚有好
> 些軍火正在海上，這些軍火，正是最迫切需要的。

關於這一點，羅家倫先生說：

> 蔣委員長的決策，認為不能為了一時的便利，而帶
> 來重大的災害，他拒絕了，並且打電話給胡先生，

要他轉達美國政府。胡先生在接到電報之後，立刻
將我們政府的意思告訴了羅斯福總統。第二天，羅
斯福總統一看見胡適就說已經拒絕了他們三個月臨
時妥協的建議。恐怕太平洋上隨時可能發生戰事，
如同菲律賓、關島等地。

胡適與羅斯福總統見面後，便到國務院找赫爾國務
卿，那時正是午膳的時間，赫爾已經回去，當胡適
回家剛用午餐，白宮來了羅斯福總統電話告訴胡
適：日本人已在突擊珍珠港，從海上從空中猛烈的
突擊，你趕快通知你政府。胡適放下電話，他知道
大勢已定，現在戰事已是全球性的了，此後又將是
另一個局面了。

該報最後引述羅家倫說：

以上這段話，是民國三十四年十一月，羅家倫先生
在倫敦開聯合國組織文教科會議時，他與胡適博士
同住在旅館中，胡適告訴他的。羅家倫先生說，這
是抗戰時期一段極珍貴的外交密史。

這則〈羅家倫談胡適使美二三事〉，尤其是日本發動突
擊珍珠港的戰事，不禁讓我們聯想到目前正在進行的俄羅斯
發動攻打烏克蘭的這場戰事來。在此，我們也要呼籲俄羅斯

趕快停止這場戰爭，畢竟發動戰爭的國家就必須遭到譴責。

　　1962 年 3 月 2 日，《中央日報》又登載，記者李青來專訪羅家倫，從反對日本侵略、支持全民抗戰、增進中美友誼的三個故事，來談〈當國家艱危時的胡適先生〉一文，這內容已是在胡適 2 月 24 日過世之後才作的報導。（2022-03-03）

胡適批評「人民公社」制度

　　1958 年 11 月 19 日《公論報》登載胡適接受中國廣播公司記者的錄音訪問的發表談話。登載指出，國立中央研究院長胡適博士十八日對共匪在大陸上實行「人民公社」一事發表談話說：

> 據我所知，在「人民公社」中「財產公有」，集體工作，兒女交給托兒所去養育，大家吃集體伙食，依我看，這些措施很近乎從前列寧所說的「幼稚病」，它違反我們同胞傳統的生活方式，處處不合理，人民生活很痛苦，人民反對的心裡也很嚴重，將來在大陸上是不是會引起普遍的反抗行為，或反抗到什麼程度，有組織到什麼程度，我們還不知道，我聽說在「公社」這個制度中，個個人都是兵，都要受共匪的軍事訓練，人民在接受訓練中可能得到共匪的武裝，這可能就是大的反抗，大的暴動的憑藉，我們預測共匪的「幼稚性」的舉動，會造成大陸同胞有武裝有組織的反抗。

　　胡適接著說：

　　我覺得金門馬祖戰火發生後，我們自己表現得很好，我們的朋友也表現得很好，在金門外島上，我們的民眾與陸軍將士在很困苦的狀態下，表現得很好，空軍、海軍，在前方表現得很好，在後方，秩序很好，物價也不波動，這是後方表現得好，我在美國看見艾森豪、杜勒斯及國防部長等，對金門問題態度堅決，表現得都很好，這要歸功於我們政府在前幾年訂下了中美共同防禦條約，也歸功於美國國會通過「艾森豪主義」，我覺得很滿意。他說：「我今年六十八歲，常以望七之年對朋友們說：我一定可以在有生之年回到光復了的大陸，至於年輕人，當然更可以回大陸去，沒有理由悲觀！」

　　該報載：最近由美返國的胡適博士，談到他近來的生活情形說：

　　回國後的兩個星期中，有八天躲在南港沒有出門，南港寓所很幽靜，只在白天偶爾有客人來，晚間正好偷閒用功，可以算是在過着隱居的生活，休息的生活。他說，他在晚間的研究，「不過是在趕一篇文章，準備在中央研究院為慶祝趙元任院士六五壽辰而刊行的論文集裏，這個論文集分上下兩冊，上冊已經出來了，我的文章在第二冊裏，趙元任先生

明年一月就要來了，所以我的文章得早點趕出來，我寫的是中國唐朝佛教歷史上的一個問題，關於禪宗的，這問題我注意好多年了，現在根據敦煌石室中發現的唐代史料，把它寫定。敦煌史料是在巴黎照相帶來的。」

報載胡適，他對他在南港居住的環境表示很喜歡，他說：

我兩年前就計畫住到這裏來寫東西，這裏歷史語言所圖書館中的書蒐集很精，對我研究中國思想史，中國文化史的工作，很有裨益，拿這個圖書館做中心，再加上中央圖書館，臺灣大學圖書館，及若干私人的藏書，對我非常方便，我應該安定下來，把沒有完成的工作，及時完成，不能再拖下去了。他並且說：在外國不易找到年輕的、有訓練的助手，而且這裏書籍也方便，與人討論向人請教也方便。

這位學者在答覆中廣公司記者所詢他是否有一生日計劃時說：

沒有計劃，我自己向來不做生日，希望我的朋友們也不要有什麼舉動，不過今年生日碰得巧，正值北

京大學六十周年紀念，北大同學在臺灣的有好幾百
人，大家大概要藉這個機會做個小小的紀念，我還
不知道詳細的情形，不過今年我避壽恐怕避不掉
了。胡適博士談起他夫人時說：「她在美國與朋友
同住，一年內不打算回國」。

《公論報》的這篇報導和引述胡適接受中國廣播公司的
訪問內容，胡適除批評當年毛澤東在大陸實施人民公社制度
的「幼稚性」外，胡適相對地讚揚了國人在金門馬祖保衛戰
中的表現，胡適還特別提到他回國任中央研究院長後，非常
滿意於南港的居住和學術研究的環境。

回溯自己在 30 多年前也針對 1958 年中共的經濟政策做
了研究，近年也訪談方式寫了一篇〈八二三炮戰與高舉副司
令官被調職案之探討〉一文，頃收錄拙作在今（2022）年 3
月出版《臺灣政治經濟思想史論叢（卷七）：政治經濟學與
本土篇》書裏。

從人道主義的觀點，任何戰爭都是不符合人類生活與生
存的意義，俄羅斯的發動烏克蘭戰爭亦應作如是觀。
（2022-03-08）

清算胡適自由民主思想

　　我這裡蒐藏胡適 1959 年 4 月的兩篇剪報文字，一篇是 8 日《中華日報》的登載，一篇是 28 日《臺灣新生報》的登載。

　　《中華日報》登載，中央研究院院長胡適博士昨日中午應邀在國際獅子會中國分會的餐會上，發表演說，題目是〈西藏的抗暴運動〉。他認為西藏高原的地形、藏胞高度的宗教信仰和生活習慣，是反共抗暴的有利條件。他說，這種抗暴運動將會擴大展開。

　　胡博士說：

> 匈牙利革命失敗，是因為俄帝的鎮壓。但今日西藏抗暴的情勢，大為不同。西藏自民國四十一年以來，就不斷地有反共游擊分子活動，至今已如燎原的火，聲勢壯大。

　　胡博士引用《紐約時報》所刊載的一段消息說：

> 北平政權對西藏大規模反共運動的事實，已公開地承認，並力圖鎮壓。胡博士說，這種情勢將會影響到青海、西康、新疆等省，印度的尼赫魯既不想開

罪匪偽，又要庇護達賴，看他如何應付這一尷尬的
局面？西藏全是高原地帶，有「世界屋脊」之稱，
平均海拔一萬六千呎，使共匪進軍困難。

胡博士說：

藏胞有高度的宗教信仰和組織，有傳統的政教合一
制度，共匪屢圖破壞此種制度，不但不能遂其陰
謀，而且引起更為強烈的反共運動。胡博士認為西
藏的抗暴，正是北平政權崩潰的前奏。

《臺灣新生報》的登載，胡適博士指出：

共匪在大陸又發動所謂「清算胡適思想」，是因為
這種思想是對付共產思想的「抗毒素」。他說他所
倡導的「五四」精神，是主張自由、民主、思想獨
立、不盲從、不武斷，對於共產毒素來說：這種精
神無疑的是「消毒劑」、是「抗毒素」。而今日大
陸上仍有許多他的及他朋友的學生們在傳播五四精
神與思想，使得共產思想不靈，魔術失敗，共匪便
一定要清算他們。

胡適博士說：

　　共產黨清算我的思想，已有十年的歷史了，自〔民國〕39
年起，每年都有對我的所謂「清算運動」，共產黨的目的在
「清算」胡適留在大陸的「毒素」、「游魂」，但這種「毒
素」是越清算越多，「游魂」之「鬼」也是越打越多的。

　　這位五四運動的倡導人對共匪「清算」其思想感到很高
興，因為這證明「五四」的思想今日仍存在於大陸，證明他
往年的努力沒有白費。今年共匪又提出清算他的口號，是因
為今年正是「五四」運動四十周年，大陸上的同胞們又回想
起五四精神來。46 年，北京大學數千學生在「五四」晚上
醞釀新「五四」運動，發表反共演講，並印行許多刊物，傳
播大陸各地，欲造成反共風潮，結果共匪大批逮捕北大領
袖，有的被殺害，有的判處徒刑，據胡適博士統計，全部被
判刑期總加起來，共達二千一百多年。但胡博士說：「共匪
的暴力迫害是無用的。」胡適博士在醫院中接見記者時說，
共匪對胡適思想再一次地展開批判是「為我在做宣傳」。他
說：

　　　　他們罵我，就要引用我的書就得看我的書——那是
　　　「奉命查書」。胡適說共匪最害怕的是胡適思想，
　　　這是最好的抗毒的，抗暴的武器，也是共匪最痛恨
　　　的。胡適博士此刻仍在臺大醫院養病，他背上患粉
　　　瘤即將痊癒，他將於三十日遷出臺大附屬醫院，但
　　　他將遵照醫生的吩咐，在家中休養，他說「今年五

四週年時舉行的幾次座談會我將不能出席。」

1959 年 5 月 4 日，《大華晚報》登載，胡適博士今天說：

> 共產黨目前正在對他的思想發動總清算，因為他們認為這種思想含有「毒素」，實際上，他的思想就是反共思想，就是維護自由的思想，當然與共產黨是冰炭不相容的。共產黨把清算他的思想稱之為「打鬼」，可是，「鬼」是不容易打的。

中國廣播公司今天將對大陸全天播送胡博士的談話，讓大陸景仰胡先生的人們，可以聽見暌違多年的胡先生的聲音。胡博士因為病體需要調養，今天沒有參加北大同學會紀念五四的大會，他是在中央研究院的辦公室裏，發表他對共產黨清算胡適思想的感想。

對照檢視了 1959 年 4 月 8 日《中華日報》與 28 日《臺灣新生報》，和 1959 年 5 月 4 日《大華晚報》等各報其所登載有關胡適的報導：胡適一是談〈西藏的抗暴運動〉，另一是談〈五四運動的精神〉，這也正彰顯胡適倡導的自由民主，而要被中國大陸共產黨清算其思想的主要原因了。

（2022-03-14）

胡適談〈容忍與自由〉

　　1959 年 11 月 21 日《徵信新聞報》登載，20 日為「自由中國社」創刊《自由中國》半月刊十週年紀念，該社於當日下午六時假青島東路婦女之家以便餐邀宴教育文化和新聞界人士，餐後該社發行人兼編輯委員雷震報告《自由中國》半月刊發行宗旨及十年來經營情形，旋由胡適博士以該社前任發行人暨現任編輯委員身分發表之〈容忍與自由〉為題，發表演說，歷時三十分鐘，餐會至七時三十分結束。

　　該報登載，這位學人在演講會中指出：

> 我認為容忍比自由更為重要，如果沒有容忍就沒有自由，這一句話一方面是對我們自己而言，一方面也是對政府對社會上有力量的人說話，希望我們一方面發表思想自由，言論自由時，有一種容忍的態度，政府與社會也應該有一種容忍的雅量。

胡博士說：

> 我這篇文章背後有一個思想的基礎，就是民國三十五年秋天，我擔任北大校長時做一次開學典禮演說中，曾引用宋儒呂伯恭先生「善未易明，理未易

察」八個字，毛子水先生曾為了這篇文章寫了一篇
書後，他認為我所說的「容忍」的哲學基礎，也就
是「理未易明」的道理。為此胡博士並引證穆勒的
《自由論》為當今主持政治的人和主持言論的人，
都應該一讀本書。

胡適指出：

為了這一篇文章殷海光先生也曾於《自由中國》寫
了一篇〈容忍與自由〉讀後，他也贊成我的意見，
如果沒有容忍就不會容許別人有自由，他認為「容
忍」用之於無權無勢的人容易，如果有權有勢的人
「容忍」就很難了，所以他好像說：胡適之先生應
該向有權有勢的人說「容忍」的意思，不要僅對我
們拿筆桿的窮書生來說「容忍」，因為我們這些人
是忍慣了。

胡適說：

因先生這番話以仔細想過，我今天想提出一個問題
來，究竟誰是有權有勢的人、還是有兵力有政權的
才可以算有權有勢？還是我們這般窮書生拿筆桿來
說話的也有一些權，有一點勢？這一點值得我們想

一想？他說，我想許多有權有勢的人，所以曾反對
言論自由，對思想自由，想出種種法子，或是習慣
上的，或是有意的，或是無意的，都緣於他們背後
有一個觀念——這一般窮書生的筆桿寫出來的話，是
一種危險的力量！所以我認為今天拿筆桿寫文章的
人，也就是我們這種拿筆桿搞思想的人，不要太看
輕自己，我們要承認，我們也是有權有勢的人，我
們的力量適反映人類的良知，我們不是弱者，我們
也是強者！

該報登載，這位現任中央研究院院長的學者最後告訴在
座的知識分子說：

總之，我們即是在有權有勢的人當中，我們也不是
弱者，我們也是強者，我們也是有權有勢的人。但
是，對於這種既有的權勢，我們不可以濫用，在運
用時一定要運用得好，說話要有力量，並且要說得
巧，說得人家心悅誠服，《禮記》所云「情欲信，
辭欲巧」就是這個道理。說到這裡，胡博士特別強
調「有一分證據說一分話，有幾分證據說幾分話」
的主張，他說，唯有這樣才能算是持平之論，對政
府亦應如此。

　　同時，胡博士並引述《論語》中孔子答魯定公問政的一段話：「為君難為臣不易！如知為君之難也，不幾乎一言而興邦乎！」「予無樂乎為君，唯其言而莫予違也，如其善而莫之違也，不幾乎一言而喪邦乎！」

　　他說，這才是最委婉的言辭表達出最堅定明確主張的一個例證，這才是達到了「情欲信，辭欲巧」的最高境界。因此，他說：我們今後應該是以「最負責任的態度說適合分際的話」，這才是我們適當而有力的運用我們權利的方式。

　　1959 年 11 月 21 日，除了有《徵信新聞報》的這篇報導胡適的演講內容之外，當日的《自立晚報》還特別登出〈胡適之幽默雷儆寰〔震〕〉的這則報導：

　　《自由中國》半月刊紀念創刊十周年，特於昨晚邀請該刊作者及有關人士餐敘，到有王雲五、蔣勻田、程滄波、夏濤聲等百數十人。胡適之於與會諸人融洽敘談中，對該刊主持人雷儆寰略予「幽默」，引起哄堂大笑，其經過足值一述。

該晚報登載，茲悉：

　　昨日餐敘中對於民主法治及言論自由問題，談論甚多，於談及官方人士應有容忍之雅量時，胡適之發言，首先解釋容忍一詞之應用，按理係適用「強

者」。一般以為當朝人士即為「強者」，似難一概
而論。胡氏謂據其所知，由於民主自由之爭取為人
同此心，教育文化及新聞界人士因為運用語言或文
字傳播其思想，其影響力有時遠較官方為廣泛與深
刻，就目前情勢而論，少數當朝人士對於彼等之
「畏懼」，遠過一般想像，因而部分教育文化及新
聞界人士反而有「強者」之實。

胡適說：

民主自由既貴乎容忍，而「強者」應有容忍雅量又
屬事實，則吾輩之應具此一雅量，似屬當然。觀乎
《自由中國》十周年紀念專號雷儆寰先生所撰一
文，其中曾強調「對人無存見，對事有是非」之
句，殊應為吾人嚴格奉行。於此，胡適之先生乃笑
謂：雷儆寰先生於容忍之奉行似乎未盡做到，即以
今日餐敘而論，邀請之客人中何以未及余之同宗胡
建中先生及陶希聖先生諸人？此語甫畢，舉座哄
笑，雷儆寰則一時無詞以對。餐會散後，「胡適之
幽默雷儆寰」之消息乃不脛而走，遍傳新聞文化
界。

檢視胡適的名言：「容忍比自由更重要」，我們也是不

是應該檢討臺灣在解嚴之後的實行民主政治，我們所謂的
「有權有勢的人」，是不是都有時時提醒自己具有容忍別人
批評的雅量。「無容忍就無自由」，當然無容忍的雅量，就
無民主政治可言。（2022-03-18）

胡適談〈科學精神與科學方法〉

1959 年 11 月 30 日《徵信新聞報》登載，中央研究院院長胡適博士於二十九日應教育部科學委員會和中華科學促進會之邀，在國立臺大法學院禮堂舉行學術演講，題目是〈科學精神與科學方法〉。

胡適首先對濟濟一堂的聽眾說：

> 我來的時候聽說許多年輕朋友在早上七點多就來占座位，聽我演講，我覺得很抱歉，不過我為準備今天的演講，從昨晚十時到今晨六時才睡覺，希望弄點新材料，但是結果恐怕還是「老狗教不會新把戲」。

胡博士說：

> 我今天講的科學精神只有四個字，就是「拿證據來」，拿古語來說是「無徵則不信」。以前我曾引用過赫胥黎的話「要嚴格不相信以前沒有充分證據的東西」。所以，「口裡說出，心裡覺得，這件事我相信是真的」是人生最神聖的事，人生最大的報酬，最重的懲罰都跟著這句話而來。胡博士覺得活

得越老，越覺得有理。

　　胡適又舉出哲學家杜威所說「形式的論理最發達的時
候，是由於那時候社會上有些重要的思想或信仰發生了動
搖，於是那些衛道護法的人要使它站住，這種形式的論理才
有用處」。胡適再舉例證實杜威的話，但他認為祇要「拿證
據來」，不必論理學，有了這種態度，是求學問、求智識的
護身符。「沒有證據，就不相信」。

　　胡適繼說科學方法，祇有十個字，即「大膽的假設，小
心的求證」。胡適舉哈佛大學前校長庫倫的話說，拿科學的
歷史來看，是從少數的事實演變出來，這些事實從實用技術
方面及科學家的試驗觀察中得來，沒有一定的方式能預言日
後科學的發展。他雖否認有科學方法的存在，但他從未放棄
科學試驗的工作。他曾指出，17 世紀科學發達由於玄想的
概念、演繹的推理、乾脆的實驗。

　　胡博士說：

　　　　其實庫倫所指的都可以歸納在科學方法的兩句「口
　　　　號」裏。「玄想的概念」，「演繹的推理」和「乾
　　　　脆的實驗」，就是「小心的求證」。他強調科學方
　　　　法最重要的還是求證據。胡適再說明科學方法的步
　　　　驟是假設、求證。他說，假設可大膽，求證要小
　　　　心。

　　胡博士將科學分為歷史的科學（如地質、天文、考古）和實驗的科學（如化學、物理、生物）。歷史的科學也是站在證據之上，雖然歷史的證據一去不復返，不能重演；實驗的科學則是根據假設，在某種條件之下產生的證據。所以無論是歷史的科學或實驗的科學，都同樣的是先發生問題，繼將困難之點予以假設，經過演繹的推理來小心的求證。

　　胡適博士最後認為即使是天才，還得用「笨」的方法，做學問才能成功。他以龜兔賽跑寓言結束了他的演講。胡博士說，做學問能有兔子的天才加上烏龜的笨幹，一定成功，假如沒有兔子的天才，則也可全憑烏龜的功力。

　　我們檢視胡適 1959 年講科學精神的「拿證據來」，和科學方法的「大膽假設、小心求證」，迄今（2022）年的已經一甲子年過去了，可是對我們現在科學的時代和法治的社會，卻依然是那麼的重要與實用。（2022-03-21）

胡適談〈新聞記者「辯冤白謗」的責任〉

　　1959 年 12 月 9 日《聯合報》登載，胡適於前一日在世界新聞學校的演講中，曾以兩個故事說明社會上，一個人的性命、名譽，不但在法庭和警察手中，也在一般拿筆桿子的人的手裏。

　　胡適認為新聞記者有「為人辯冤白謗」的責任。他舉的第一個故事，是美國《時代周刊》上所登載的一位記者為人辯冤白謗的事實。那是 1933 年 7 月的事，芝加哥發生了一件綁架案。一個大流氓突然失蹤了，十二天後，這個大流氓又出現了，他說他曾被一個叫杜西的流氓綁去，關在地窖中十二天，並向法院提出控訴，當時的警察和那大流氓有關係，調查那案子的檢察官也是個包庇賭博犯的壞人。結果杜西被判罪九十九年，關入大牢中。

　　這事件發生後，《美聯社》的一位記者勃蘭南（Brennan），一直注意著，他從那個大流氓（原告）失蹤後再度出現時的衣着，以及身上不像被關了十二天的跡象，產生懷疑，因而更加注意這件案子，後來他就離開《美聯社》，到芝加哥《太陽報》去工作，經過二十七年的努力，他不斷去採訪被關在獄中的杜西，並作筆記，找尋各種證據，終於使杜西的刑期減為七十五年，後來又保釋出獄，就

在杜西出獄的那天，勃蘭南所著的一本《被偷去的年歲》也同時出版，他的這本書引起美國社會對這一案子的注意。

勃蘭南為杜西所找尋的證據是 1.原告的那個大流氓，在法庭上常常改變他的證詞，前後不一致。2.檢察官當時所找的人證，在事發期間並不在芝加哥。杜西出獄後，有人問勃蘭南為什麼要為一個流氓辯護，勃蘭南的回答是「這個可憐的人，他沒有機會向天下人宣布這件事。」他並說：「我這幾年得到的滿足，你們是想不到的。」

胡適博士所說的第二個故事，是從 1894 年到 1906 年發生在法國，前後十二年的崔夫斯案。他說：1871 年的德法戰爭，法國戰敗，割地又賠款，德法在仇視之下，間諜和反間諜工作在兩國激烈展開，1894 年夏天，法國陸軍情報局從德國駐法國大使館武官處偷到一封信，內中裝有一封未具名的帳單，法國陸軍情報局判斷出那是一份法國人出賣文件給德國的帳單，因而開始秘密調查這件事，後來他們疑心一個名叫崔夫斯（Dreyfus）的猶太人是那個出賣國家的人，崔夫斯是法國一個砲兵上尉，那時服務於陸軍部，他們懷疑他的原因，一方面因為他生活放蕩，再者因為他是猶太人，法國陸軍情報局首先拿崔夫斯的筆跡和那封信相對，結果字跡真有點相同，後來又請了三位筆跡專家，結果，一位專家認為絕對不是崔夫斯，另一位認為絕對是，第三位認為有點像，也有點不像。結果，崔夫斯就被關了起來，接受軍事審判，唯一的證據就是那張沒有名字的帳單。

　　在軍事審判期間，仇視崔夫斯的人們，竟造了三百多件
偽證據。結果他於同年 12 月 22 日被判為叛逆罪，於 1895
年被送到南美洲法屬圭亞那海外的一個名叫魔鬼島的外島上
終生監禁，崔夫斯一直沒有認罪，他的家人，朋友和律師也
都認為他沒有罪。三年後，法國軍事情報局代理主任皮克夸
特上校（COL Picquart），在一項從德國駐法大使館武官處
所失散的信中，發覺了一個名叫艾斯特黑茲（Esterhazy）的
人，正是那個寫那帳單的真正間諜。

　　艾斯特黑茲不僅形跡可疑，而且他的筆跡和那帳單筆跡
完全相同。於是皮克夸特就將他所發現的事向參謀總長和次
長提出報告，但那怕事的大官都不願再重審這件案子。因
此，不許皮克夸特上校再繼續調查那件案子，為防萬一，就
把他調到非洲去。但皮克夸特總認為崔夫斯的冤獄使他良心
上感到不安──崔夫斯被關在魔鬼島上，晚上還用鐵鍊鎖起
來──因此他在去非洲前，就把全盤事實告訴他的律師，這
位「了不起」的律師，又把這件事告訴了一位和崔夫斯同鄉
的參議員（他是上議院的副議長），但是崔夫斯的家人並不
知道。

　　後來，崔夫斯的弟弟馬太，也發現艾斯特黑茲正是那個
真正賣國的間諜，並請求陸軍部審問艾斯特黑茲，但陸軍部
僅隨便地審問了一番，就把他放了。陸軍部放了艾斯特黑茲
後，引起了法國輿論界的爭執，一派說艾斯特黑茲有罪，另
一派說沒有，說他沒有罪的那些人更建議政府把皮克夸特上

校關起來，說他洩漏軍事機密。

這時候一群知識分子出來打抱不平，如克李芒索在《晨光報》上、雷音南哈在《世紀報》上都曾撰文攻擊，其中最著名的是大文豪左拉（ZoLa），他聽到放了艾斯特黑茲的消息後，一天一夜沒有睡覺地寫了一篇很長的文章〈我控訴〉——在《晨光報》上發表，控訴法國政府和軍部，結果參謀部控告左拉毀謗，法庭判了他一年徒刑，左拉逃到英國躲避。

這時，一些反對重審這案子的人們，仍在繼續製造假文件，其中最「妙」的一件是法國情報局副局長亨利找了幾個偽造文件的專家，造了兩封假信，都是義大利駐法使武官寫給德國駐法使武官的信。這兩封信是用真的信紙、簽名和偽造的信的內容部分並在一起的，一封信中說「所託我買的文件，已向那猶太人買到，並代付錢一百八十」，另一封信中並提到「崔夫斯」這個名字，這兩封信並曾在國會宣讀。

但皮克夸特知道這兩封信是假的，如用顯微鏡細看可以看出是貼拼在一起的假信。1898 年，皮克夸特寫了一封公開信給新任的國務總理，指出這兩封信是偽造。1898 年 7 月 7 日把偽造信的亨利逮捕起來，他被關在獄中的第二天就自殺而死。最後法國政府乃准崔夫斯的訴狀。重審這一案件，經過多時的審查後，取消了原判，再交軍事法庭審判。1899 年 9 月 9 日審判結果宣布，認為崔夫斯仍有犯罪嫌疑，判刑十年。

這項宣判立即使全世界為之大嘩。十天後，法國新任總統下令特赦崔夫斯，那時在魔鬼島受了三、四年罪的崔夫斯，身體已經衰弱不堪，他接受了特赦令居住巴黎，但他的太太和親友仍在為他找尋新證據，希望在法庭上獲得無罪的判決。1903 年新的事實漸漸地被發現了，再加上輿論的支持，當他請求法庭開庭後，法國最高法院於 1906 年宣布崔夫斯無罪，並恢復了他的陸軍軍職，成為法國砲兵少校。

《聯合報》刊載了胡適在當今世新大學講的這兩個故事，精彩極了，我全文摘錄，來對照當前國際和臺灣的社會，在面對網路時代假消息的猖狂，新聞記者「辯冤白謗」的責任更是重大。

特別是俄羅斯與烏克蘭戰爭以來，交戰國之間的互放消息，記者的不顧生命安全的前往戰地採訪消息，第一手的報導和揭穿侵略國家的本質，這種發動戰爭，毋顧人民生命財產安全的政府真是要令人唾棄，這也是新聞記者應盡到的應有責任啊！（2022-04-08）

胡適談〈終生做科學實驗的愛迪生〉

1960 年 2 月 12 日《聯合報》登載，胡適昨（11）日上午在愛迪生一百十三年誕辰紀念大會，以〈終生做科學實驗的愛迪生〉為題，發表講演。胡適說：

> 今天二月十一日是愛迪生的一百一十三年紀念日。明天二月十二日是林肯的一百五十一年紀念日。去年二月十二日，我參加林肯一百五十年紀念演說。今天我很高興能參加愛迪生一百一十三年的紀念會。林肯是自由的象徵，愛迪生是科學的聖人。

以下繼續記載胡適講演的重要內容：

> 科學的根本是實驗，愛迪生真是終生做實驗的工作者。他十一歲時，就在家裏的地窖子裏做化學試驗；十二歲時，他在火車上賣報紙賣糖果，他就在火車的行李車上做化學實驗。十五歲時，他開始學電報，就開始做電學試驗，要改進電報的器材與技術，從此他就終生沒有離開電學的試驗，就給電學開闢了新天地，給世界開闢了新文明，給人類開闢了一個簇新的世界。

從十一歲開始做科學實驗，直到他八十四歲去世，他整整做了七十三年的實驗工作。所以我稱他做終生做實驗的科學聖人。他每天只睡四個小時的覺，至多只睡六個鐘頭。他每天做十幾個鐘頭的工作，他的一天抵別人的兩天。他做了七十年的實驗，就等於別人做了一百四十年的實驗工作。

中國的懶人，有兩首打油詩，一首是懶人恭維自己的：無事只靜坐，一日當兩日；人活六十年，我活百二十。還有一首是嘲笑懶人的：無事昏昏睡，睡起日過午；人活七十年，我活三十五。睡四點鐘覺，做二十點鐘科學實驗，活了八十四歲，抵得別人一百七十歲，——這是科學聖人的生活。

在紐約的愛迪生的實驗室裏——現在是「國家的愛迪生紀念館」的一部了——保存着二千五百冊愛迪生的實驗記錄，每冊有二百五十頁，或三百頁。最早的一冊是一八七八年他三十一歲時的紀錄。單是「自然電燈」的種種實驗，就記滿了二百冊。他用了幾十種不同的材料來試驗，各種礦物、金屬，從硼砂到白金，後來又試驗碳化棉絲，居然能延燒四十多個鐘頭，後來又試驗了幾百種可以燒做碳絲的植物，最後才決定用日本京都府下的八幡地方所產的竹子，做成最適用的碳絲電燈泡。

談到日本八幡地方的竹子，想起了王陽明格「竹

子」的故事。中國近七百年來，有兩大哲學家，一是朱子，一是王陽明。朱子提倡格物致知，但無實驗習慣，然而格物致知的目標，終於揚起了中國科學的精神。四百年前的王陽明，懷疑格物致知不可能，他的一位姓錢的朋友，為了格竹子，在園中坐望竹子三天三夜，結果病倒了，王陽明自己來格，在竹下坐望了七天七夜，結果還是不成，他嘆氣說：「格物不成，聖人做不成了」！

其實，格物致知，最重要的是做實驗。科學實驗室發現自然秘密，證實學理，是解決工業技術問題的唯一方法。在愛迪生八十歲時，有人請問他的生活哲學是什麼？他說：他的生活哲學只有一個字：「工作」（Work）。「把自然界的秘密揭開來，用他們來增加人類的幸福，這樣的工作是我的生活哲學。」

他的實驗並不都是創造的、空前的。但他那處處用嚴格的實驗方法來解決工作問題的精神，他那終生做實驗的精神，他那每次解答一個問題總想到做最好最完美的地步的精神，他那用組織能力來開創大規模工廠實驗與研究所的模範，可以說是創造的、空前的。……這是愛迪生做科學實驗，經過幾千次失敗而永不灰心失望的精神。

他在十二、三歲時，耳朵就聾了。他一生是個聾

子，但他從不因此減少他工作的努力。他在七十八歲（一九二五年）時，曾有一篇文字，說他的耳聾於他只有好處，於世界也只有好處。他說：「因為我成了聾子，我就把 Detroit 的公立圖書館做我的避難所。我從每一個書架的最低一層讀起，一本一本的讀，一直讀到最上一層。我不是單挑幾本書讀，我把整個圖書館都讀了。後來我買了一部 Swbtin 出版的最廉價的百科全書，我也從頭到尾全讀了。」這是耳聾給他自己的恩惠，他還說，他費了多年心力去發明，製造留聲機，「別人聽了滿意了，我總不滿意，總想設法改善到最完美的地步——這也因為我是個聾子，我能聽別人聽不見的音樂聲音。」他還說 BELL 發明了電話機，他聽了總覺得聲音太低，太弱，他聽不清，所以他想出種種改良方法，把電話改良到他聽得清楚才滿意。他的改良部分後來賣給 BELL，就使電話大改善。

該報最後登載胡適引述愛迪生講的故事：

後來我被選做一個商業組織的會員，常常到他們的大宴會，往往有許多演說，我耳聾聽不見演說，也不免感覺可惜。有一年，他們把宴會的演說印出來了，我讀了那些大演說之後，不感覺耳聾是可惋惜

的了。有一天，有一位社會改良家到新新大監獄去向監中囚犯大演說。有一個犯人聽了半點鐘，實在受不了，就大喊起來。管監的人一拳打去，把那犯人打的暈過去了。過了半點鐘，他醒過來了，演說家還在講。那犯人走過去，對管監的說：「請你再打一拳，把我打暈過去罷！」

胡適結尾說：

前些日子，我在報上看到某一位科學家發明了一種短時間的麻醉藥，我腦子裡就想，這種麻醉藥是有用的；在大宴會的演說開始之前，聽演說的客人每人吃點麻醉藥，倒是蠻有用的。這是這位科學大聖人的風範。這樣一位聖人是很可愛的。

胡適之先生的這篇演說文字，不但把這位終生做實驗的愛迪生精神描述得很貼切，也把愛迪生講的笑話講活了；胡適更是不遑多讓的講笑話高手，胡適演說的邀約不斷，是有其魅力的，是高明的話術，也是知識性的傳播。（2022-04-18）

胡適反對修憲的 6 則新聞報導

　　我檢視 1960 年 2 月 16 日到 3 月 27 日，臺灣報紙報導
胡適與有關國民大會召開會議的 6 則新聞。

　　第 1 則新聞報導：1960 年 2 月 16 日《公論報》這則新
聞報導的標題〈胡適之不滿陶希聖　夏濤聲責曲解憲法〉，
文內容：

> 胡適之先生於本月五日晚上，在行政院長陳誠官邸
> 舉行的宴會上，曾提出三點詢問主人：一、國大三
> 次會議的集會日期，距今僅餘兩週，國民黨的總統
> 候選人為什麼不提出來？二、我〔胡適語〕有一個
> 「荒繆絕倫」的學生陶希聖，他說修改臨時條款不
> 是修憲；三、如果減低國大代表的總額，國民大會
> 將來可以隨時修憲，國民黨將何以應付？
>
> 當時，在場的總統府祕書長張群立即加以辯論，張
> 氏說：「你的學生不是完全沒有道理！」一直保持
> 緘默的王世杰先生，為緩和情勢，便另找話題說：
> 「不修憲連任的問題也可以談談。」由此可見王氏
> 的態度了。那天晚上，蔣夢麟先生也在座，胡先生
> 因事先引告退，與會者繼續討論這個問題，直到午
> 夜零時始散。

第 2 則新聞報導：1960 年 2 月 21 日《公論報》這則新聞報導的標題〈胡適之婉拒任主席　雷震不出席開幕禮〉，文內容：

> 目前，無黨無派的國大代表如胡適之與雷震等，他們對修憲與修改臨時條款的態度又如何呢？記者可以列舉近事兩則，加以說明。國民大會從明（二十二）日起，到二十五日止，在四天的預備會議中，主持會議的主席何應欽、王雲五、曾寶蓀、于斌等四人。其中獨係缺少胡適之先生，其原因何在。據說，這個問題的責任，不是發生在有關方面，而是胡先生婉拒認這個榮譽的職務。換句話說，胡氏的消極態度，頗使當局感到「頭痛」。

第 3 則新聞報導：1960 年 3 月 14 日《民族晚報》這則新聞報導的內容：

> 今晨會議由胡適主席，胡適博士說這是他自開幕典禮以來第一次當主席，現在要請陳院長來做施政報告。他還特別解釋法令稱：國民大會在憲法上，組織法上雖都沒有明文可以聽施政報告，但是議事規則第五條上有可以請政府首長做施政報告的規定，所以現在由陳院長來報告。言畢，他首先鼓掌表示

歡迎。

第 4 則新聞報導：1960 年 3 月 15 日《徵信新聞報》
〈瞭望臺〉專欄的標題〔胡適之語重心長〕，文內容：

> 胡適博士此次不競而當選國大主席團之後，僅在預
> 備會議期間一度出席主席團會議，半月來緊張熱烈
> 之大會場面，則並未與聞。昨日之登「主席臺」尚
> 為開會以來之第一次。雖然火熾場面既過，會議何
> 人主持已不似上週間之重要；然而胡氏前曾表示其
> 特別立場，故昨日初次登「臺」，仍為眾所矚目。
> 依照議程，昨晨大會節目係聽取政府報告暨質詢，
> 主席之任務不過坐聆行政院長報告完畢後，依登記
> 次序請欲「質詢」之代表上臺發言而已。
> 以胡氏之才能，主持此靜態會議自然綽有餘裕。據
> 早日傳說，胡氏月前曾非正式表示其反對修訂臨時
> 條款之立場，並聞曾擬在大會發言。後經各方婉言
> 勸止，使作罷論。昨日開議時致詞，為其在大會首
> 次發言，雖未涉及已成定論之修憲問題，然輕描淡
> 寫之下，對國大職權問題，仍有發人深省之處。胡
> 博士宣告開會之後，首先指出，依據憲法第五十七
> 條，行政院長有向立法院提出施政報告之責，立法
> 委員有提出質詢之權。繼又指出，依照國民大會組

織法，國民大會並無得聽取政府施政報告之職權。

最後乃稱，依據國民大會議事規則第五條：國民大會開會時，得聽取政府施政報告，檢討國是，並得提出質詢與建議。因之，胡氏以大會主席身分，宣布本次大會，係依照國大議事規則，聽取政府施政報告，並「得」提出質詢與建議。憲法第二十七條對國大職權，已有明文列舉，其中並無得聽取施政報告之規定。即在國民大會組織法中，亦不但無「得提出質詢」字樣，且未有「得聽取施政報告」一語，今國民大會之能聽取行政院長報告且提出「質詢」，惟一「準法律性」之依據，僅惟自行制定之議事規則而已。

兩年前，行政院長援引憲法第五十七條，拒絕列席監察院會議，依監察法接受詢問，一時釀成政治風波，終導致政府改組。國大議事規則係依據國大組織法而制定之子法，而監察法則係立法院制定之法律，兩者相較，難免令人生今昔之感。當茲四大權力日益擴張之際，昨日胡氏之言，值得代表諸公三思。

　　第 5 則新聞報導：1960 年 3 月 20 日《自立晚報》這則新聞報導的標題〈胡適珍重神聖票〉，文內容：

胡適博士因心臟病，遵照醫生勸告，於昨（十九）
日下午住進臺大醫院接受檢查，由於時間的巧合，
使人以為胡適博士係藉此避過國民大會第三次會議
的總統、副總統選舉會。今晨胡適博士對本報記者
表示：「只是為了健康關係而就醫院檢查，假如明
天可能檢查完畢，他提早出院，萬一需繼續留院檢
查的話，他明天一定要前往國民大會場投票選舉總
統！」

第 6 則新聞報導：1960 年 3 月 27 日《自立晚報》這則
新聞報導的標題〈最後要談胡適的心病〉，文內容：

胡適之先生反對修憲，同時亦反對修改戡亂時期的
臨時條款，因此他曾經表示過假若眾議難排除時，
他將向大會發表反對意見並且要求列入紀錄後申請
退席，可是大會開完了，卻未聽見他發言，相反地
卻看到他因心臟病的突發，而在第一次選舉大會的
前夕，住入臺大醫院檢查，當時就曾引起滿城風
雨，說他有規避投票之嫌，可是胡先生卻立即前往
大會投下了神聖的一票，因此有人奇怪胡先生的行
徑，也許是關心的人多，所以也能以訛傳訛。
據外間流言說：有關方面為了要胡先生在緊要關頭
不要表示反對意見，曾拜會了胡先生的長公子胡祖

望，並在九日的晚上，請祖望到南港去勸說胡先生，至於勸說內容是些什麼？則傳言中未曾道及。我們也只有姑妄聽之了！

我們對照胡適當時的行事曆，胡適 1959 年 7 月赴美出席東西方哲學討論會；10 月，回臺北；11 月，對外表示反對修憲和修改臨時條款。所以，隔（1960）年 2 月，國內對於胡適出席國大會議的是否投票支持蔣中正總統的連任，成為大家矚目其與副總統陳誠之間互動的焦點，以及蔣經國順利接班的議題。我特別將這段期間的這 6 則有關於胡適動態的報導，摘錄下來，以有助於對於胡適的了解與研究。（2022-04-22）

胡適談〈弭兵會議〉

1960 年 7 月 4 日《公論報》登載，中央研究院長胡適於昨（3）日上午，在「中國聯合國同志會」邀在臺工作十周年紀念大會中，應邀以〈從兩千五百年前的弭兵會議說起〉為題，發表演說。他首先說：

> 承朱家驊先生好意，要我在「中國聯合國同志會」
> 在臺恢復工作十周年紀念大會中演講，我覺得我們
> 應該組織一個反對虐待動物同志會，人也是動物，
> 何必在這麼大熱天虐待講話的人同聽話的人呢？我
> 來參加這個紀念會，一方面是為了道賀，一方面也
> 對此「虐政」表示抗議。
>
> 「中國聯合國同志會」的前身，是「國際聯盟同志
> 會」，那是民國八年一班朋友在北京發起組織的。
> 國際聯盟正式成立於一九二〇年，聯合國正式成立
> 於一九四六年，今年是聯合國十五周年，聯合國的
> 前身國際聯盟則離現在已有四十年了。

胡適略述了美國《獨立周報》的發行人海米·荷特
（Hamilton Holt）提倡和平的緣起，和國際聯盟揭出和平的
四項原則，以及後來聯合國憲章第七章第卅九條至五十一

條，說到要以經濟、軍事力量維持國際和平與安全。胡適
說：

> 一九四五年舉行舊金山會議時，我為中國的十位代
> 表之一，八十歲的荷特曾來看我，對我說：「我由
> 佛羅里達州，到舊金山，經三千多里地，就是想來
> 看聯合國的成立，看看我年輕時的夢想是否可以實
> 現」，我當時對於這位老人冀求和平的精神，深為
> 感動。

胡適說：

> 在二千五百年前講和平，是沒有辦法保障的，四十
> 五年前荷特提出了「以軍事經濟力量，維持和平」
> 才算是指出了保障和平的方法。現在看到許多區域
> 的或雙邊的安全保障條約，如北大西洋公約第三條
> 至第五條就是要用力量來制裁侵略國家，如有一個
> 國家受到侵略，就如同全體受到侵略，其他如東南
> 亞公約、美澳紐安全條約，美日、美菲、中美等安
> 全條約，都包含了這個意思。二千五百年前我們沒
> 有「用力量制裁侵略者」的辦法，因此和平運動失
> 敗了，可是現在想出了這個辦法還是失敗。四十五
> 年前世人企求和平的夢，替二千五百年來追尋和平

開闢了一條新的路途。

接著胡適講了二千五百年前，發生在中國歷史上的弭兵會議，這故事給我們一個教訓，裁兵和平會議，無人反對，也無人有反對，但是沒有辦法的裁兵和平會議是不會成功的。同時，胡適列舉 1899 年的海牙國際法庭，但還是發生南非戰爭、日俄戰爭，乃至於爆發第一世界大戰；1928 年簽署非戰公約，仍然無法阻止日本發動「九一八」的佔領東三省，以及 1933 年德國希特勒侵略捷克，乃至於爆發二次世界大戰。

胡適說：

> 我們紀念聯合國不可不紀念十年前的韓戰，一九五〇年六月二十五日，強大的北韓軍隊，配備各種新式武器越過卅八度線，侵略南韓，國際組織第一次遵照聯合國憲章第七章，維持恢復國際的和平安全，在聯合國的旗幟下，由美國領導十六個國家出兵，以力量來維持恢復和平，安理會因何能通過此案，由於蘇俄為中國代表權的問題，離出會場，沒有蘇俄否決權的阻撓，得以偷偷的通過了此案。……這唯一要侵略他人的國家，不僅力量可以侵略，他的主義也是要侵略他國的。這樣一個國家，照最近情勢看來，是可以引起一個大的戰爭爆

發。

我們相信這個國家雖大雖強，但以自由民主國家目前的力量，及潛在的力量，是可以打倒這僅存的一個侵略他人的國家，當這個國家要完了的時候，其國內會發生革命，由極權獨裁轉變到自由民主，到那時四十五年前的夢可以實現，因此我們現在可以得出來，只有用全體力量去打倒世界上這個唯一的侵略國家，二千五百年前的和平希望，才有實現的一天。

　　胡適的這篇演說，特別是最後的一段話，迄今已經過了半世紀之久，但不禁要讓人聯想起，當前這檔事還正繼續發生在俄羅斯這個國家的侵略烏克蘭。無論它的結局是否會如胡適所指出，和平要有力量制裁侵略國的軍事經濟實力，才有實現的一天。

　　但依目前如火如荼的俄烏戰爭，又遇上聯合國並無軍事經濟力的維持和平，致使我們還看不到戰事的盡頭，更別說想見到和平的到來。（2022-04-25）

胡適談〈中國之傳統與將來〉

　　1960 年 7 月 12 日《中華日報》引〈中央社西雅圖十日專電〉報導，胡適今日下午於此間舉行「中美學術合作會議」的開幕典禮中，以〈中國之傳統與將來〉為題發表演說。

　　該報導，胡適首先談到中國文化從古代到現在所經過的進化和革命，結論是中國文化的基礎為人文主義和理性主義，這構成了他所稱的一個光榮的「人文主義和理性主義的中國」。展望將來，這個「人文主義和理性主義的中國」是否強大到足夠於多年的「鐵幕統治」，不許與自由世界接觸，而且斷乎不許暴露於自由世界之下後，能夠繼續存在呢？胡適博士稱：預言總是危險的，但他冒險預言這樣一個有著傳統中國文化的中國將繼續存在。

　　該報導其次引胡適演說的內容，胡適說：

　　　　我近年來閱讀過四百萬字以上中共發表的受到整肅的文學。每一篇受到整肅的文學都告訴我們，中共的黨和「政權」所害怕的是什麼？他們所急於想根除與摧毀的是什麼？根據這大量受到整肅的文學來判斷，我相信我有理由可以下一個結論，即現在控制著中國大陸的那些人，仍然害怕自由的精神，獨

立思想的精神，懷疑的勇氣，實證思維與實證研究
方法的精神。

作家胡風受到譴責，乃因為他和同他具有同樣思想
的人表現出自由的精神和獨立思考的精神，而且膽
敢反對共黨對文學和藝術的控制。我的朋友和以前
的同事梁漱溟，必須受到整肅，乃因為他以身示範
表現出危險的懷疑精神。而且胡適的幽靈也值得花
三百萬字去譴責，乃因為傳統的古典學者精神及實
證研究方法之得以普及，大抵係由於胡適之功，而
且因為胡適有一種不可饒恕的大膽，敢於描述那種
精神和方法是科學方法的本質的原故。

根據這些受整肅的文學判斷，我願相信所讚美的人
文主義和理性主義的中國，仍將繼續存在於中國大
陸，而且那種曾在中國對中古時代各大宗教實行反
抗而終於將其推翻的運動中，曾發揮重大作用的同
一勇敢的懷疑和獨立思考及質問的精神，在最不可
能的集權控制和壓迫的情況之下，仍可能長存並且
甚至傳佈開來。總之，我相信人文主義和理性主義
的中國之傳統並未被毀，而且不可能被滅。

該報導指出，這場「中美學術合作會議」，雙方各有代
表三十五人的中美第一流學者、教授及教育與文化領袖參
加，就中美兩國學術及文化合作舉行一連串的討論，以決定

一些對這方面有長遠影響的計畫。在華盛頓大學舉行的六天
會議，揭幕典禮由華盛頓大學校長奧德嘉德致歡迎詞，繼先
後由胡適演說〈中國之傳統與將來〉，和華盛頓大學摩爾教
授的演說〈哲學瞭解與合作〉。

據該報導並且指出，為使會議成為「一次純粹的學者會
議」，美國主辦單位是決定不邀請記者列席會議，亦不邀請
此間中國領事館官員或任何市政府及州政府官員，理由是代
表們希望有一種使他們「能暢所欲言」的氣氛。這項決定事
先已獲胡適同意，他說他不反對，但這項「抵制」記者的政
策是否明智，尚成疑問。因為會議結果將不為此間大眾所
知，更談不到為美國全國大眾所知。本地報紙未刊載隻字有
關該會議的新聞，除代表們及有關團體外，沒有一人知道這
一項重要會議正在此間舉行。

胡適在這場「中美學術合作會議」開幕典禮中的演說
〈中國之傳統與將來〉全文，也在九天之後的 7 月 21 日至
23 日，《中央日報》以三天連載的方式登出，同時聲明該
全譯文，因時間關係，未經胡適博士校正。

承上述，此次「中美學術合作會議」，從 7 月 9 日胡適
自臺北啟程，轉道日本東京，到美國西雅圖的會議，也因為
胡適在國際學術上的享有盛譽，才能聚集這麼多的學者專家
於一堂。

然而，當胡適尚停留在美國期間的 9 月 4 日，臺灣發生
《自由中國》雜誌主持人雷震、編輯傅正、曾任該刊會計而

時任國史館秘書的劉子英等人被捕事件。10 月 8 日，雷震被判決「執行有期徒刑 10 年，褫奪公權七年」。22 日，胡適返抵臺灣之後的回應記者，他相信雷震是個愛國反共的人，如需要，他可以出庭作證。

1960 年 7 月 10 日，胡適在美國華盛頓大學舉行「中美學術合作會議」的開幕典禮中，以〈中國之傳統與將來〉的發表演說之後，我在閱讀這段期間有關報導，有三篇迴響的文字值得在此記述下來。胡適是在 10 月 22 日返抵國門，所以第一篇登出的時間，胡適人還在美國，第二、三篇登出時，胡適已在臺灣。

第一篇，是 1960 年 9 月 9 日《徵信新聞》在【瞭望臺】專欄的〈反對胡適一宣言〉，內容略述：

> 胡適博士偕同大批學人出國赴會，據聞正在收拾書香，準備九月底闔府返國。頃據外電報導，胡適在美對雷案有所評論，臺北方面對此消息之反應如何，尚略需時日始可見端倪；惟令人憶及月前曾有部分知名人士擬發表宣言，駁正胡適在美演講內容；此舉與政治毫無關聯，當時並未引起社會注意，但今後如何發展，則仍有值得留意之價值。

胡適在美演講〈中國之傳統與未來〉譯文在臺北發表後，因為其中對佛教之歷史及教義頗多批判，且有「征服、

117

欺詐、謊言、虛構」等字樣，故首先引起佛教人士之反感，
乃於月前假善導寺，太虛圖書館邀集同道學人舉行座談會討
論，出席者除某佛學研究部分人士外，較知名者尚有師大教
授巴壺天、國大代表但衡今、《胡適與國運》作者徐子明、
評論家許君武等多人，會中不但對胡適演詞中攻擊佛教各點
激烈反擊，並對胡適倡導知新文化運動予以根本否定，認為
盲目推翻舊傳統實為致令馬克思邪說得以乘虛而入之根源，
據聞座談會曾獲得數項結論，準備由某學術團體正式發表宣
言，以示其維護中國文化之立場。為此宣言是否已經發出，
至今尚未獲悉。

　　胡適之為佛學界所不滿，不自今日始，而其考證虛雲和
尚年譜一事，更為與臺北佛界交惡之近因。至其為維護中國
本位文化人士所攻擊，更遠自四十年前即已肇端。學術爭議
為促成進步之主要動力，真理愈辯愈明，爭議激烈，毋寧視
為好現象之一。所可顧慮者，唯恐其與政治發生牽葛，則不
但局外人難做論定，即當事人亦恐不易清醒。胡適本人之政
治性與學術性何者為重，外人甚難解答；若有欲與之作學術
論辯者，此時此地，頗不相宜，前述宣言如尚未發表，當已
稍緩時日為佳，不知主事者以為如何？

　　第二篇，是 1960 年 10 月 29 日《中華日報》登載，該
報記者甘立德在胡適自美返國之後的一週，他訪問了胡適寫
的〈胡適談新聞報導〉專文。內容概述：胡適從中美學術會
議的成就談到中央研究院的計畫，從雷案談到新聞記者的報

導，尤其對於作為一個新聞記者的條件和報導新聞應該注意之點。

胡適回答記者說：

> 我覺得新聞界的朋友對我都很好，他們有時候把我的話多記一句，或少記一句，或記錯一點，他們並不是故意的，我也無從更正起呀！胡先生特別舉例說，當他在紐約時，有國內某報社駐美女記者去訪問他，在談話中，他對她說，他對政治從來不感興趣，如果要搞政治的話，還要等到七十歲的年紀才開始搞嗎？
>
> 但是，這位年輕的女記者後來在報上撰文說，胡先生雖已七十歲了，但却要搞搞政治試試看云。這話與胡先生所講的恰好是一百八十度的相反。胡先生接著說：「這位小朋友七、八年前在國內時，我就認識她，她很好，她這種錯誤是無心的。」

記者請教胡先生，作為一個新聞記者應該具備怎樣條件？胡適提出三個條件：一是要博學多聞，無所不知，知道得越多越好；第二是對人對事要有同情心，不要有偏見；三是要有勇氣報導。他認為這三個條件就是「智仁勇」三達德的表現。同時，胡先生特別指出「正確報導」的重要性。他說：「正確報導是一個記者的起碼條件，一個記者要做到正

確報導新聞，才能算及格。胡適說：「我也算是新聞界的一員呀」！

胡適講述早在民國三十年，他擔任駐美大使時，曾應邀參加美國新聞學會年會，並以「中國近代的小冊子新聞事業」為題發表演說。該會特推舉他為名譽會員，並將其演講詞刊於會報中。胡先生說：「我至今還是該會的會員」。

胡適談到中美學術合作會議時，胡先生說，這次會議中，中美學者聚首一堂，充分地發表意見，至為圓滿。與會代表所提出的論文共數十萬字，憲政由華盛頓大學負責整理，至於會議中決定的很多方案，由美方協助我國發展學術研究工作，但尚待美國各基金會捐款資助，大約還要過幾個月之後，才能有點眉目。

最後，胡先生告訴記者說，他留存在美國的書籍已裝成幾大箱，交船運回臺灣。當記者結束這次愉快的訪問，從胡先生客廳出來時，看到中央研究院一棟棟的新廈，矗立在青山翠谷之間，掩蓋在藍天白雲之下，記者憶起兩年前的十二月，胡先生六秩晉八華誕的前夕，曾來此訪問，胡先生說，他的職業是哲學，假如他回到二十歲的時候，他要改行做一個科學家，到科學的領域去探險。今年十二月，胡先生將登七秩大壽了，但他的精神仍甚健旺。我們希望這位學人，今後在學術界上，能對國家社會有更輝煌的貢獻。

第三篇，是 1960 年 11 月 20 日《中央日報》登出〈關於中美學術會議胡適提出報告〉，內容計分人文科學等三部

分已於日前晉謁總統時提出。承上述的三篇報導中，我大略可以歸納出在這段的時間裡，胡適率團參加「中美學術合作會議」，凸顯胡適在國際上的學術地位，特別是美方學術團體願意針對會議結論所提的方案，加強雙方的學術合作發展。

　　比較遺憾的是胡適在開幕時發表的〈中國之傳統與未來〉，當其譯文傳到國內時所引發的爭論。這議題甚至延續到 1961 年 11 月 6 日，胡適應美國國際開發總署主辦的「亞東區科學教育會議」之邀，在臺北開幕以〈科學發展所需的社會改革〉的講演，其內容所引發的後續議論，是可以對照做研究的主題。（2022-05-03、2022-05-09）

李青來〈王世杰談胡適與政治〉

　　1961 年 2 月，胡適參加臺大校長錢思亮的宴會，因身體不適，送醫院經診斷為冠狀動脈栓塞症加狹心症。此次住院 2 個月後回家修養，11 月病情惡化，至臺大醫院療養，隔（1962）年 1 月出院，2 月 24 日即因主持中研院第五屆院士會議，不幸心臟病猝發而死。

　　3 月 1、2 日《中央日報》連續兩天登載，記者李青來專訪王世杰談〈胡適與政治〉的文字。5 月，王世杰接任胡適所空下中央研究院院長的職缺，直到 1970 年 4 月，辭去中央研究院院長，改任總統府資政。

　　王世杰與生前胡適的四十年以上深厚友誼，和兩人在政治上密切關係的背景，記者選擇訪問當時擔任政務委員的王世杰，來談論胡適當屬非常適合的人選。在這篇訪問稿中，王世杰分別從胡適的政治人格、政治工作和政治見解的三方面，來深入分析。

　　從政治人格方面，胡適是一個最進步的愛國主義者，胡適最關心政治問題，他的關心高於一般實際從事政治工作的人，但是他卻不願意做官或從事實際政治活動。他評論政治或參加政治活動，最富於責任心，也最有勇氣。他是一個絕對臨難不苟和見危受命的人。王世杰先生隨即指出兩件事實來說明胡適博士的這種政治人格。

第一件事是在「八一三」中國全面抗戰發生的前夕，時間約在民國二十六年七月和八月之間，胡適博士在盧山會議之後，來到南京，當時的胡適，確實希望政府能夠避免全面的戰爭。他到南京之後，曾親向蔣總統——當年的蔣委員長，提出他的意見，希望能夠避免戰爭。但是「八一三」全面抗日戰爭終於發生了。

發生之後，日本隨即向南京上空濫施轟炸，南京形勢岌岌可危，蔣委員長要胡適博士到歐洲和美國為政府做抗戰的宣傳工作，並要王世杰先生敦促前往。當時胡適博士堅決表示不願離開南京，他說：「戰爭已經很危急，我不願意在這時候離開南京，我願意與南京共存亡」。經過了一個星期的商談，胡適博士的態度依然堅決不變。最後王世杰找了傅斯年先生幫忙，費了很大的力，才把他說服，他終於接受這項艱苦工作，到歐美去。

第二件事是在民國三十七年三月。那時蔣主席（軍事委員會時已撤銷，蔣公任國民政府主席）曾要王世杰先生商請胡適博士出來擔任第一屆行憲後的總統候選人，那時胡適博士在南京，王世杰先生與他商談了三天，他都認為他的身體不能擔任這麼大的責任，還是蔣先生自己擔任為好。蔣主席仍繼續要王世杰先生前往敦促，最後胡適博士才表示讓蔣先

生決定，主席聽了胡適的話很高興，便即向黨內的
同志展開說服工作。

蔣主席當時曾為這件事做了很大的努力，但僅僅說
服一個吳稚暉先生。當時本黨中央黨部開會討論這
一問題時，公開發表意見表示贊同的人，只有吳稚
暉、羅家倫兩位先生。蔣主席十分難過，他審察當
時的情勢，本黨同志不贊同提胡適博士做總統候選
人，這個總統候選人仍然非他自己出來擔任不可。
蔣主席就在不得已情形下，因而承諾擔任總統候選
人，王世杰把這經過情形告訴胡適博士，他真是感
到如釋重負，十分愉快。

王世杰說完了這兩個故事，停了一會又補充說，恬淡不
一定是偉大，恬淡而有極大的勇氣和責任心，纔是偉大。王
世杰先生繼即談到胡適博士的政治工作。他說：

胡先生一生只做過一次官，那就是我國的駐美大
使，他的實際政治工作，嚴格的說，就只限於他大
使任期內的工作。他擔任駐美大使，約略四年。在
這約略四年的大使任期中，他的貢獻不一定是一般
人所深切了解的。王世杰先生指出，胡適博士在接
受駐美大使職務時，既無外交經驗，而就職業外交
家的觀點來說，胡先生亦無外交天才，他是一個最

不願意向任何人或任何方面請求的人，這從職業外
交家的觀點來說，也許是一個缺點。可是在他的任
內，卻完成了兩項歷史性的任務。

他所完成的第一項歷史性任務是美國政府在武漢棄守
後開始給予我國政府以二千五百萬美元的第一次借
款，協助我國繼續抗戰。……另一項歷史性的成就就
是珍珠港事變前夕，美國政府決定拒絕日本政府關於
中國戰事所提的解決條件。這是民國三十年十一月下
旬的事，及珍珠港事變的前十幾天，美國政府這項決
定引起了珍珠港轟炸，導發了美日戰爭。

美國政府當時做這項決定，也未嘗不知道結果的嚴
重，但美國的輿論和美國政府的正義感，終於促成
了這個決定。在日本與美國交涉期間，胡適博士曾
將我國政府的主張和希望剴切誠懇地向美國政府披
陳。除此之外，他並未作任何特殊的活動，或運用
任何外交手腕去影響美國政府，可是當時的羅斯福
總統和賀爾國務卿對於這位「書生大使」和他的慷
慨陳詞，是很重要的，他的披陳是有著重大的影響
力的。

接著王世杰先生又就胡適博士的反共思想，提倡「好人
政府」，對抗日戰爭的主張和其所主張的批評態度四點，來
說明胡適博士的政治見解。

在反共思想方面，王世杰先生指出，胡適博士反共思想，數十年如一日，從來沒有改變和動搖，他主張思想自由，他主張尊重個人人格。……在提倡「好人政府」方面，在國民革命軍北伐以前，胡適在北大辦了一個《努力》周刊，他曾提出「好人政府」主張，因為當時有羅文幹、顧維鈞、王寵惠諸人在北平。胡適認為，如果這些人能夠出來組織政府，會成為一個「好人政府」。

關於對日抗戰的主張，王世杰指出，一般人均不曾充分明瞭胡適博士的基本理論與主張。在「八一三」抗戰前夕，胡適博士誠然曾經勸政府並向蔣委員長建議儘量避免戰爭。他的這一主張和建議，乃是擔心政府只以抗戰逞一時之忿，而不準備做長期的抗戰和苦鬥。他在民國二十六年「八一三」前夕所表示的避戰的主張，在當時很不得政府中及一般人的諒解。但實際上他對日抗戰的根本思想卻全與政府後來所採的國策，完全一樣，而且真是有先見之明。

關於胡適博士對政治批評的態度問題，王先生指出，胡適博士也有他特殊見解。在大陸淪陷之後，一般人都知道，胡先生對於政府，依然採取他的一貫批評態度，他常常言人之不敢言，言人之不肯言，他曾對我們政府及許多國民黨黨員這樣說過

「我將做你們的『諍友』」。

同時他認為，在這樣一個艱苦危難的時期，凡是可以回到臺灣來的人，對政府的批評，在原則上應該回到臺灣來批評。大陸淪陷之後，他自己對於政府的批評，幾乎都是來到臺灣發表的，他是一個言論自由的信徒，可是他所提倡的是「負責的言論」，他所身體力行的也是「負責的言論」這個大原則。

王世杰是繼胡適出任院長後，最重要的政策是：藉由學術交流讓臺灣科學生根。他當時最重要的工作是在扶植健全大學或獨立研究院所，培養各種所需師資，使科學在臺灣生根。2020 年，第 21 屆國家文藝獎建築類得主王秋華，就是王世杰女兒。

1985 年，王秋華把中原大學張靜愚紀念圖書館設計成沒有書庫、讓讀者自行選書的開放式圖書館，成為當時臺灣第一座現代圖書館。日後也設計了彰化師範大學圖書館、臺灣海洋大學圖書館、國立故宮博物院圖書館及臨時展示廳、中正大學圖書資訊大樓等，被譽為「臺灣圖書館之母」。

她說：「圖書館是我最心愛的建築，凡有圖書館的城市我定去參觀。我小時候就喜歡閱讀，閱讀使我的知識變得更廣，也很喜歡在圖書館看書，經常站著看完一本書。」

（2022-05-23）

唐德剛《胡適口述自傳》與
《胡適雜憶》

　　我住溫州街期間，尤其辦公地點從金華街改換到木柵路之後，我每天早上上班方式，是在耕莘文教院站搭欣欣客運253號公車，到溝子口站下車。下午下班是同樣搭原號公車，但我會在公館站下車，然後走路回家。

　　走回家路上的途中，我都必須經過羅斯福路與新生南路交叉附近，我通常會拎著公事包，一路上逛著書店，發現有新書或自己喜歡的就會買下來，放進包包裡，帶著愉悅心情的走回家。

　　1980年初到1987年的解嚴，正是臺灣社會面臨巨變的前奏，許多的抗爭活動和大量遊走於法律邊緣的書刊雜誌不斷地湧現。這階段的我既是將自己定位除了調養身體，和處理辦公室例行靜態的工作之外，有剩餘時間我則會儘量把握花在閱讀、進修和書寫方面。

　　在這段期間裡，我最常接觸與閱讀的書刊，就屬當時最常在報章發表時事評論的余英時文字，和李敖出版的《千秋》與《萬歲》的系列叢書。余英時的專書著作和報章上的評論，迄今一直都是我喜歡閱讀的。但李敖作品在解嚴之後，我就比較少閱讀了。

　　1970年我構想寫《近代學人著作書目提要》，後來勉

力完成一篇〈胡適之先生著作書目提要〉，和發表了幾篇與胡適有關的論述。這一部分的文字後來都收錄在 2018 年 1 月與 2020 年 11 月元華文創為我出版《臺灣政治經濟思想史論叢（卷三）：自由主義與民主篇》，與《臺灣政治經濟思想史論叢（卷六）：人文主義與文化篇》的這二本書裡。

1974 年離開校園之後，儘管我因服兵役和接著忙於其他的事情，但並未放棄喜愛閱讀的習慣，尤其對於蒐購與閱讀胡適的相關作品仍始終沒有間斷。例如傳記文學出版社，於 1981 年 3 月出版唐德剛譯註《胡適口述自傳》，和其撰寫的《胡適雜憶》二書，都是我在住進溫州街之後才出版的買來閱讀的。

唐德剛在《胡適口述自傳》的〈寫在書前的譯後感〉寫到：1970 年冬季他訪臺時，蒙林語堂先生盛情召宴，他在一家嘈雜的大酒店內，問那位衣冠楚楚的總招待，「林語堂先生請客的桌子在哪裡？」竟遭大聲反問「林語堂是那家公司的？」的憾事。

唐德剛盼望這本《胡適口述自傳》的出版，其內容對青年讀者的「實用價值」，因為它是一部最淺近的、最適合青年讀者需要的，胡適自撰的「胡適入門」。對於研究中國近代文史的專家們，它是一本詞簡意賅，夫子自道的「胡適學案」。

周策縱與夏志清在《胡適雜憶》的〈序〉中，分別談到胡適的治學之外，亦略述 1950 年代胡適在美國的那一段生

活的艱辛日子，特別是夏志清的序言裡，分別談及大家所關心胡適身邊的幾位女士，包括江冬秀、韋蓮司、陳衡哲。

唐德剛的感觸胡適這個人，在 1970 年之後就已經逐漸地被兩岸的中華兒女所遺忘。或許很快地余英時這個人，同樣會步入胡適的後塵被淹沒在兩岸人民的記憶裡。

藉此，在寫完部分〈余英時重要著作提要〉的同時，特別提及唐德剛譯註《胡適口述自傳》，和其撰寫的《胡適雜憶》二書，也正可以作為我 1970 年寫〈胡適之先生著作書目提要〉的補遺。（2021-08-23）

陳雪屏〈不畏浮雲遮望眼，自緣身在最高層 —— 關於胡適之先生的年譜和晚年談話錄〉

　　1984 年 5 月 5 日，我在《聯合報》讀到由陳雪屏口述、顏敏紀錄整理一篇〈不畏浮雲遮望眼，自緣身在最高層 —— 關於胡適之先生的年譜和晚年談話錄〉的文字。

　　當時我還不清楚陳雪屏就是余英時的岳父，但是我知道陳雪屏出身教育界，曾經擔任過臺灣省教育廳長；而且這篇文章題目又因與胡適有關，自然引起我的注意和閱讀的興趣。

　　這篇文章陳雪屏除了提到他本人與王世杰、毛子水都認為，像胡適這樣一代人物，死了以後我們應該替他寫傳記；第一步應先編個年譜出來。於是就請了曾經擔任過胡適秘書的胡頌平為主要編著者。

　　胡頌平初稿完成後，陳雪屏認為初稿的篇幅不平衡，胡先生總共活七十二歲，七十歲以前佔初稿二十本，後來在中央研究院三年佔了八本，是否最後三年發生的事特別多？

　　真正說起來，胡適任職中央研究院在學術上的著作並不多，不應該佔那麼多篇幅。因此，建議把胡適寫的文章和所做重要的事和想法盡量放入年譜裡，有關談話部分則另成一書。所以，1984 年 5 月聯經除了出版十大冊《胡適之先生

年譜長編初稿》，也同時出版了《胡適之先生晚年談話錄》。

　　至於《胡適之先生年譜長編初稿》的〈序〉，胡頌平請陳雪屏寫序，但他沒答應，找胡適的老學生毛子水，他也不肯寫。後來大家無意中講起來想找一位研究思想史的人來寫也許比較好，想來想去就想到余英時。

　　余英時看過很多胡先生的著作，而他沒有看過的著作我們也一起再送給他看，請他作序。這篇序他很賣力氣寫了三萬多字，態度相當認真，這很不容易。

　　陳雪屏是余英時的岳父，老丈人誇獎女婿的〈序〉言寫得好，也實至名歸的毫無矯情或過譽之辭。余英時在《胡適之先生年譜長編初稿》寫的〈序〉，聯經出版也在同一時間的 1984 年 5 月以書名《中國近代思想史上的胡適》的單行本方式對外發行。

　　陳雪屏在口述的這篇內容，也談到當年國民政府撤退來臺的關鍵時刻，他跟胡適以長途電話，說明政府的想法，問胡適可否由我們在南京開個名單請他主持接人工作，胡先生堅持不肯。最後胡先生說明天飛機就要走了，事不宜遲，你們好不好授權給我，讓我去各方面接觸一下，看看有誰可以走的。

　　後來，胡先生和胡太太離開了，但二兒子卻沒有走成，胡先生說我們已經夫婦二個上飛機，再帶個兒子就佔了別人的位置，我的孩子不能走。為了這件事，夫婦倆還嘔了氣。

　　胡先生就是在如此匆忙的情況下離開北平的，只拿了一點東西，他的日記、朋友間往還的書信，以及他在美國做大使的日記都丟在北平。儘管後來大陸把這些書信出了三本書發表出來，臺灣這邊又有出版社重新整理出了兩本，這些都不包括在這套 10 冊的《胡適之先生年譜長編初稿》裡。

　　以上是 1984 年 5 月聯經出版胡頌平編著《胡適之先生年譜長編初稿》與《胡適之先生晚年談話錄》，以及余英時寫《中國近代思想史上的胡適》等三書的情形。2004 年聯經 30 週年慶出版《胡適日記全集》（全套十冊），時間從 1906-1962 年，是一部最完整的胡適日記。

　　2018 年 12 月中央研究院胡適紀念館出版了潘光哲主編的《胡適全集》，預定到 2023 年出齊 60 冊。我特別在最近的拙作《稻浪嘉南平原》，其中有篇文字特別敘述了這套《胡適全集》出版的意涵，其所努力完整建構「胡適學」研究的奠基學問。（2021-08-24）

第二部分

筆記戰後臺灣葉公超
國際外交言論述

葉公超〈我對於聯合國的觀感〉

1954 年 9 月 2 日,《臺灣新生報》登載,葉外長 1 日下午在記者公會年會中演講〈我對於聯合國的觀感〉。葉部長首先提到:第一、唯有靈活準確與獨立的新聞報導方可促進民主的政治;第二、在民國二十七、八年前他曾短期做過新聞記者工作,如今雖自覺落伍,但今天仍有舊同業之感,當此佳節,深盼大家不要衹以外交部長來看我,使我仍可分一些文化戰士的光榮。

接著葉部長就聯合國成立經過、宗旨、組織、成就、失敗各方面作一個報告。其中就聯合國的失敗,葉外長在講演中說:

> 我們必須指出蘇聯的阻撓實為聯合國失敗的主要原因。聯合國已變成了一個政治真空,許多政治問題都無法解決。蘇聯在安全理事會中的濫用否決權,迫使聯合國的會員國不得不如他的意旨在聯合國以外設法解決問題,如最近的日內瓦會議之討論越南問題及業已在聯合國處理中的韓國問題都是。
> 這樣一年,聯合國的聲望降低,表現出對政治問題無能處理。我們最近最大的憂慮,便是因此而引起權力政治復活趨勢,聯合國似乎已非解決國際問題

的處所。我願提出警告，沒有任何趨勢比權力政治
更近於傾向戰爭了，這真是和平的大危機。

1954 年 9 月 27 日，《臺灣新生報》引【中央社紐約聯
合國總部二十七日專電】葉外長在聯大發表演說。根據該報
登載的內容概述，葉外長要求聯合國反對在增長中的共黨侵
略，特別是出諸於內部進攻形式的侵略，他指這種侵略對世
界和平與安全，造成真正的威脅。葉外長警告稱：如果聯合
國和共產帝國主義的力量妥協或承認侵略的果實，則聯合國
對文明世界的政治道義價值，將告終止。

葉外長指出，今日世界所面臨的所有主要問題，事實上
均由共產帝國主義而來。他特別強調共黨的滲透策略從內部
進攻和共黨對所謂「解放運動」的利用。對於吸引全世界注
視的金門情勢發展，葉外長稱：砲轟金門是蘇俄對中國侵略
的一個延續。檢討過去數年若干會員國在民主與極權鬥爭中
採取中立立場的崛起趨勢，葉外長引證特別是二次世界大戰
的歷史事實來證明中立主義鼓勵侵略。葉外長並抨擊蘇俄在
聯合國的阻撓政略，並再度要求將蘇俄逐出世界組織。

葉外長最後指出：

中國是亞洲方面共黨侵略的首一受害者。蘇俄公開
及祕密地援助給朱毛，以擴張其對中國大陸控制的
種種譎詭及陰險的方法，業經中華民國代表團於第

四第五及第六屆聯大大會中向聯大提出充分的說明。只不過在二十四天以前，即九月三日，朱毛匪軍開始對金門加以不斷的砲擊。此一攻擊以及繼此之後的攻擊構成了共黨圖謀完全征服中國的進一步步驟。

事實上，這乃是蘇俄對中國侵略行動的一個延續。今天，臺灣乃是鐵幕以外所有中國人民的一個團結點，除了臺灣及其鄰近島嶼上的千萬人民之外，我們且確信我們繼續對共黨侵略所進行的搏戰中是獲有一千三百萬海外僑胞中絕大多數的支持。

1954 年 10 月 16 日，《臺灣新生報》接著登載《中央社》節譯，葉部長接受《紐約前鋒論壇報》駐聯合國總部記者查普曼的訪問內容，其中查普曼問：

自聯大第九屆例會開會兩週以來，其他代表亦曾對本文作者發表大致相同的意見，但無一願意作者引述他的話，亦無一使用如此有力的辭句。但在這裡的奇怪氣氛，一種近乎冬眠的氣氛中，情緒是可以覺察得到的。我問葉先生，那是不是等於現在已到收拾行李回家的時候了？

葉外長答道：

不，我並不這樣想。但我確認為聯合國會員檢討整
個組織並檢討他們個別在這個組織裡的特別地位，
這正是時候了。我認為如果重振我上面說過的道義
原則，我們可能使它有作為。但在這一方面的領
導，必須來自美國。其他民主政府已沿著不同的路
線走，但是美國是唯一實實在在為了一個道義的原
則而產生的國家。

承上述，葉公超部長在記者年會和在聯合國演說，以及
接受《紐約前鋒報論壇》記者的訪問，我們可以得到一個結
論：就是在這時候，我們中華民國在聯合國安全理事會的席
位問題，已開始面臨嚴峻的挑戰和保衛戰。（2022-07-18）

葉公超 1954 年抄在美的對社團講演

我這裡剪貼的資料是，1954 年底，我國外交部長葉公超在美國分別對三個重要社團所發表的三篇講演稿。第一篇是 12 月 6 日對加州洛杉磯國際問題協會，講演題目〈共產主義在中國〉；第二篇是 12 月 15 日對美國新澤西州商會，講演題目〈一個自由與獨立的中國〉；第三篇是 12 月 29 日在紐約對共和黨婦女全國俱樂部，講演題目〈我們所面臨的威脅〉。

由於三篇講稿的原文均長，我擇要概述：

葉外長講演的第一篇〈共產主義在中國〉。葉外長在開場白指出，貴會是由美國公民組織的一個聞名團體，各位都特別留意國際關係的問題。這裡對於亞洲的關懷，特別是中國問題。太平洋今天不再是一個洋，而是一個湖，而此一大城就是美國朝向遠東的一個窗口。這個大湖另一邊所發生或可能發生的任何事項，對於大湖這一邊也就是在這裡的人們的生活，可能有十分迅速的影響。葉外長特別從共產主義如何流入中國，以及共產主義在中國怎樣發展的情形，做了一個詳盡的歷史回顧。

最後，葉外長指出，共產主義不像儒家學識那樣只是一種哲學，共產主義乃是一個思想及行動的體系，根本上和我們的制度不同。他也提醒，中美兩國在過去兩次戰爭中素屬

盟友，中國人民對美國人民一向懷有最友好的感情。我國人民都知道了他們所受痛苦的經驗，他們被陷於共產主義殘害之境的經驗，已由本人於今晚向此一場合及洛杉磯的美國卓越人士加以剖析，他們一定是愉快的。

葉外長講演的第二篇〈一個自由與獨立的中國〉。根據 1954 年 12 月 28 日《臺灣新生報》刊載葉外長的講稿，共分的段落：一、中國人不是好戰民族，二、韓越停戰並未解決問題，三、我拒絕承認日內瓦宣言，四、大陸在俄帝指揮監督下，五、一個新觀念的形成，六、時刻受著共黨威脅，七、圍堵政策等於戰爭，八、共黨在心戰中失敗，九、自由世界未忘受難者，十、自由世界不會容忍暴行，十一、臺灣是反共抗俄的象徵，十二、把蘇俄逐出聯合國，十三、勿對共黨採最拙劣戰術，十四、援助必須適當而迅速。

最後，葉外長指出：

> 我們正同心協力的對惡勢力從事肉搏戰。我敢向各位保證，愛好和平的中國人民，是永遠和你們站在一起。我們現正努力於重建一個自由和獨立的中國。我們深信我們的任務不論如何艱鉅，中國人民的基本德行，終將獲勝。當那一天到臨，一個自由與獨立的中國，再度居於它在亞洲舞臺中心的地位之一個較能垂諸永久的和平，便再開始從混亂的局勢中茁長起來，而這種和平是基於自由，及自由經

濟與文化合作觀念的一種和平。

葉外長講演的第三篇〈我們所面臨的威脅〉。根據
1955 年 1 月 14 日《臺灣新生報》刊載，葉外長在講演的開
始特別指出，在中國，婦女們一向是在家庭中主持家務，不
過近年來他們也已逐漸關心政治，如果不能說她們在政治上
已十分活躍，至少可以說她們的政治意識已經大為增加，她
們也感覺到政府的事情能夠幾乎立即影響到她們家庭中的困
難和問題。婦女們對於公共問題的看法，常常實際得多，而
少受個人情緒，男人在這方面就常常做不到。

該報針對葉外長的講詞再分成以下段落：一、我們有共
同威脅，二、這威脅就有多大，三、幾個顯著的特質，四、
「和平共存」的實例，五、我們的沉痛教訓，六、我們看穿
共黨真面目，七、今後我們所能做的事，八、勿對共黨做任
何讓步，九、予落後國家以滿足，十、自由制度優於共產制
度。

葉外長的最後結語：

　　主席，我已經根據中國自己的經驗及我們自由中國
　　人民現在所努力以赴的目標，說明了我們所面臨的
　　威脅。雖然我們的語言不同，但是我們在倫理，道
　　德標準，以及對於自由生活方式的愛好方面卻有著
　　共同的基礎。自由中國的人民，以及淪入鐵幕的中

國人民，都視美國人民為他們最偉大的朋友。他們
知道美國在遠東沒有殖民意圖，菲律賓人民被引導
趨於自治及獲得獨立的經過情形，中國人民有著很
深刻的印象。因此，我今晚能和你們在一起討論一
項我們兩國人民都有重大關係的問題深感愉快。謝
謝各位。

　　承上述，《臺灣新生報》刊載葉外長的這三篇講演內
容，文字非常長，我只能筆記了其中大要。我讀了這些文字
的感想是，我們必須把當時中華民國是聯合國的會員國，和
代表中華民國的外交部長葉公超先生，他在當時發表講演的
年代和情境作一完整的回溯，我們才能對照出當前的國際局
勢，以及中華民國的現在處境，並對發展中的兩岸關係有比
較清晰的輪廓顯現出來。（2022-07-20）

葉公超第十屆聯合國會上的
三篇演講辭

　　我現在保存外交部長葉公超，是 1955 年間在聯合國會上發表的三篇重要演講辭全文。第一篇是 1955 年 6 月 25 日《中央日報》登載，〔中央社舊金山二十三日專電〕葉外長今天在聯合國十週年紀念大會上發表演說的全文；第二篇是 1955 年 9 月 23 日《聯合報》登載，〔中央社紐約聯合國總部二十日專電〕葉外長今天告訴聯合國大會駁斥蘇俄代表主張讓共匪進入聯合國的要點；第三篇是 1955 年 10 月 13 日《中央日報》登載，〔中央社紐約航訊〕中國出席聯合國大會第十屆常會首席代表葉公超外長，九月二十八日在大會總辯論中的演說全文。

　　葉外長這次在聯合國會上先後發表的重要講辭，代表中華民國政府和執政國民黨的《中央日報》，特別以全文刊載，除了凸顯聯合國在運作面對國際共黨情勢發展，和中華民國在聯合國席位議題不斷遭遇挑戰之外，政府更是透過「大內宣」方式的傳播，希望國人能夠認清臺海兩岸的複雜關係。

　　以下我概述葉外長的這三篇演說內容。

　　第一篇演說，葉外長在聯合國為紀念十週年大會上指出，1944 年頓巴敦橡園會議時，中國政府曾經提出若干建

議，之後均經提出於《舊金山會議》。中國政府的建議是：
一、聯合國憲章中應特別規定調整與解決國際爭端時，應顧
及國際法及正義原則；二、關於國際法原則與規章之發展與
修訂，聯合國應負推定研究工作及提出建議之責；三、經濟
暨社會理事會，應規定促進教育及其他方式之文化合作事
項。這些建議最後均經分別納入憲章第一、第十二及第五十
五條。

　　葉外長特別提到聯合國及整個自由世界今天所面臨的問
題，乃係一種勢力的急遽發展。此一勢力的目的在毀滅我們
十年前所預立的一切目標，而不承認其本身以外的任何意志
及法律。此一勢力即共產主義，此一勢力的擴張係由於其利
用全世界畏懼戰爭及祈求和平的心理，按時輪流製造緊張及
緩和情勢所致，我們若不掩耳盜鈴，就必須承認：共產主義
因其侵略的伎倆，業已構成一個真正的威脅。我們如不願有
持久的和平則已，否則就必須先終止此一威脅。

　　葉外長最後結語：

　　　　讓我們希望聯合國能和她的前身國際聯盟不同，而
　　　　將嚴正而明白地面臨共黨的挑戰。讓我們希望聯合
　　　　國將不使其本身變成一個姑息的工具。讓我們希望
　　　　這個偉大的國際團體將能堅守其憲章中所包含各項
　　　　崇高的原則與目的。當我們進入聯合國成立以來的
　　　　第二個十年時，我們應該再度提醒自己：前往和平

之路是曲折而漫長的，持久的和平，唯有不是建立在流沙一般的權宜基礎，而是建立在道德力量的堅固之上才會來到。

第二篇演說，葉外長說：

在聯合國大會的連續六次會議中，蘇俄代表都提出了中國代表權的問題，蘇俄的居心是十分明白的，他們想將其自己一手扶植的傀儡在聯合國中代表中國的合法代表已完成其對於中國的侵略，倘使有此地的任何一個會員國應被除名的，這該是蘇俄自己。

葉外長亦指出：

至於我的政府有權代表中國一點，我願告訴大家，我的政府也就是二次世界大戰時與民主國家並肩對抗侵略的政府，以及積極參加建立聯合國並忠實履行一切國際義務的政府，在聯合國際其他國際組織中都是忠實的一員。我的政府之代表中國的權利是不容否認的，除非是所有出席大會的國家準備揚棄聯合國所維護的原則與目的。

　　第三篇演說，是葉外長在大會總辯論中的演說，首先在
檢討世界和平問題之前，特別要把中國政府對於本屆議程上
若干重要項目所採取的立場，做一個簡單的說明。該報紙根
據葉外長演說的全文列出：原子能和平用途，譴責強迫勞
役，新會員入會問題，維持世界和平，俄帝玩弄策略，俄帝
改變策略，發動和平攻勢，真正動機所在，謀求區域安全，
韓國越南問題，反抗共匪暴政等重大議題的詳盡文字說明。
　　葉外長演說最後指出：

　　　　我政府雖然已全力謀致恢復大陸人民的自由，但是
　　　從來沒有向聯合國請求援助，來達到這個目標。不
　　　過，如果聯合國的現行組織不能對鐵幕和鐵幕後億
　　　萬被奴役的人民加以援手，聯合國至少能夠並且應
　　　該避免採取任何行動以致於加重他們的痛苦，或撲
　　　滅他們獲得解放的希望，或使他們永遠淪為奴役。
　　　尤其重要的，聯合國應避免以物質和道德的援助給
　　　予奴役他們的人們。如果和平竟使不公平的行為和
　　　罪惡得到合法的承認，那絕非我們所要的和平。因
　　　為這樣的和平是假的，那種和平，決不會符合聯合
　　　國憲章的宗旨和原則。那種和平，無異是正義的投
　　　降，將不亞於戰爭的本身。因為在那種和平之下，
　　　自由世界將不可能長久維持其自由與強盛。

　　1955 年，外交部長葉公超在聯合國發表的這三篇演說，到 2022 年的現在，雖都已成為歷史的重要文獻，但也正如他代表中華民國政府於 1952 年與日本簽訂《中日和平條約》，和 1954 年他與美國簽訂《中美共同防禦條約》，同樣地受到國人的肯定和敬意。（2022-07-22）

葉公超談亞洲民族主義與共產主義

以下這三篇葉公超部長的剪報內容，包括了第一篇、第二篇是 1956 年 6 月的訪問泰國，第三篇則是 1958 年 4 月的訪問越南。

三篇都是葉外長在當地發表講演之後，在《中央日報》所分別登載的文字。第一篇是 1956 年 6 月 26 日《中央日報》登載「葉公超在泰廣播演講希望中泰加強合作」，根據〔中央社曼谷二十五日專電〕中華民國政府赴泰訪問團葉公超團長，二十五日晚應曼谷電臺的邀請，向泰國人民和中華民國旅泰僑胞，發表廣播演講。

該篇文字內容的概述：

> 目前整個亞洲都受到國際共產主義的威脅，然而中泰兩國深切了解共產主義的殘暴與荼毒，都絕對不容許共產主義侵入我們社會。我們兩國在國防教育以及其他內政設施方面，一切均以反共立場為前提。泰國國務院長鑾披文頌堪元帥曾經屢次聲明泰國是不走所謂中立路線的國家。中華民國政府與人民對於鑾披文頌堪元帥這種具有遠見卓識的聲明，實在非常欽佩。
>
> 中國在亞洲是第一個受到國際共產主義侵略的國

家。從我們親身經歷的慘痛經驗中，我們深知國際
共產主義是絕不容許任何國家民族有自由獨立的。
一接受了共產主義，就喪失了自由獨立。……我們
的僑胞都要明白，泰國是取締共產黨的國家，倘有
少數的共匪奸細潛伏在僑胞當中，做朱毛匪幫的走
狗，這些敗類不但危害了我們全體僑胞，同時也危
害了泰國的安全，……我希望中泰兩國之間，今後
有更多的文化交流，更大的經濟合作，和更頻繁密
切的貿易往來。最後，本人代表本訪問團，恭祝泰
國人民繁榮康樂。

第二篇是 1956 年 6 月 27 日《中央日報》登載，葉外長
在曼谷美僑協會的演說，主題是〈亞洲民族主義與共產主
義〉。葉外長首先解釋：

有人說，今日在亞洲，有兩個思想正在進行決定性
的鬥爭。此語容或不盡精確，因為目前在亞洲某些
地區──本人在此係泛指整個亞洲大陸以及西南太平
洋各島──民族主義與共產主義兩種本來互不相容的
思想，正以一種奇特的關係而形成一種默契，來抵
制西方殖民主義或其殘餘勢力。
蘇俄本身雖係現存的最大殖民國家，但卻在亞非兩
洲以民族主義的撐腰者姿態出現，且至少在目前獲

得一時的成功。而西方國家，尤其是前屬殖民主義
的西方國家，則對之只有招架之功，並無還手之
力，其原因並不在西方國家是否缺少武器，而在西
方國家今日面對共產挑戰之際，缺乏一套可說服人
的理論和更有氣魄的策略。

葉外長繼續說道：

本人既身為自由亞洲的一份子，其主要的關切，是
整個亞洲應當保持自由獨立，且具有充分能力，以
擔負自由獨立所產生的各項責任。以此種基本立場
為出發點來觀察，本人認為民族主義與共產主義二
者終是互不相容的。民族主義應積極導向自由獨
立；而共產主義則依本人之了解及蘇俄與中國大陸
匪共黨實施的情形，則僅僅導向暴政與奴役。共產
主義維持本身存在的手段，為對內加緊壓榨，對外
肆行侵略。

此種侵略所採形式，不必一定拘以武力侵越疆界挑
起戰爭，而能以各種不同的偽裝姿態出現，包括所
謂「合作」、「援助」等等方式。共產侵略的手法
雖屬變化無窮，但其企圖征服世界的基本陰謀，則
始終一貫。溯自日內瓦最高層會議以來，吾人業已
目睹蘇俄在其對內與對外政策上，表演了一連串的

把戲，其目的顯在誘使世界其他各國，相信蘇俄及
其附庸現已捨棄獨裁政體，而日與民主國家相近。
蘇俄此一障眼法正在導演之際，某些亞洲國家的民
族主義與獨立思想，竟轉入「中立主義」的巢臼，
對於民主與共產雙方，都保持友好。此種中立主義
固然未使不帶有獨立思想的成分，但其維持存在的
辦法，則為宣稱其能一面與共產主義保持友好，而
同時一面抵制共產主義，並稱在今日東西雙方對峙
的緊張局勢中，最聰明的辦法是置身度外，不加入
鬥爭。此套中立理論，已被蘇俄的當政魁酋充分予
以宣傳利用。

對於「和平共存」的評論，葉外長指出：

1927 年 9 月間，史達林於接見美國工人代表首次訪
俄一行時，曾唇焦舌敝的費詞解釋，共產主義與資
本主義能夠「在和平發展的條件下共存」。……史
魔這套「和平發展」的濫調，促成了 1930 年代共產
國際的「聯合戰線」和使蘇俄加入國聯，共產主義
的聲勢，一時因之頗為浩大，共產主義的影響，亦
隨而在全世界蔓延。
……當今唯一近於新奇而令人不安之事，乃為共產
集團重彈和平攻勢老調後，亞洲的民族主義與中立

主義竟已匯合在一起。中立主義與和平共存二詞，
其實是一件事，二者都在過去和目前經俄匪予以陰
謀利用，已冀削弱並分化非共世界。

葉外長並且舉例指出，列寧和史達林二人對那些自命為
在資本主義與共產主義的世界鬥爭中可守中立的人，都曾加
以譏笑。匪首毛澤東對於中立主義也說過：

騎牆是不行的。並沒有所謂第三路線存在。在全世
界都是一樣，你不站在帝國主義一邊，就得站在社
會主義一邊，並沒有其他的路可走。無論國家或是
個人，不為共黨，則為共黨之敵，一切騎牆分子都
應該以敵人對待。

葉外長更說：

本人身為中國人，對於所謂「和平共存」與「中立
主義」略有所知，因為過去三十多年之間，中國及
中國國民黨曾經兩度尋求與中共匪徒「共存」，而
兩次都發現與共匪合作就不可能保持自由獨立。

葉外長最後結論指出：

今日亞洲的問題，在於如何達成一種開明而穩重的
民族主義。此事談何容易！人都是感情的動物，常
常受制於本能的情感。亞洲人民對於過去殖民國家
的殘餘反感，難以一朝一夕化除，現仍到處存在，
易為共黨宣傳陰謀激起危機。吾人當前要着，即為
將民族主義化為具有建設性與創造性的國家發展力
量。而最切要著，更在吾人將一切思想與精力，集
中於經濟復興的工作，以及抵制共產滲透侵略的行
動。吾人必須認清：蘇俄對若干亞洲國家所提出的
援助與支持，顯然僅是共產集團從事征服世界陰謀
的一部分。

1956 年 6 月，葉外長的訪問泰國和發表的兩篇演說之
後，1958 年 4 月訪問越南的對旅越華僑演說。在這屬於第
三篇的演說中，葉外長指出，越南和我們同樣直接受到共匪
侵略禍害的國家，正和我們共同站在反共前線並肩作戰。越
南是一個新興的國家，目前正積極從事生產建設和文化發
展。我們唯有努力促進當地的經濟建設和社會繁榮，然後華
僑經濟事業才能獲得正常的發展和光明的前途。至於文化方
面，中越兩國可說是兄弟之邦，文化的交流有悠久的歷史。

承上述，葉外長的三篇演說，其中要以第二篇演說〈亞
洲民族主義與共產主義〉的全文，為比較重要的歷史文獻，
在內容上主要論述了亞洲民族主義與共產主義之別時，也特

別提到共產主義慣用的「和平共存」、「中立主義」、「聯合戰線」等名詞，相對來混淆西方資本主義國家對於所強調實施「自由」、「民主」的概念。

在這裡也給了我們帶來最大的警惕，提醒我們特別注意到外交部長葉公超在分別訪問泰國、越南等國家之後的四個月，在 8 月 23 日的這一天，中共終於展開對金門的猛烈炮擊，爆發了慘無人道的「八二三炮戰」。從此，國共戰爭在兩岸關係發展又重新進入另一個階段。（2022-07-26）

葉公超致詞追念陳納德將軍

　　1949 年 6 月，葉公超先生奉代總統李宗仁之命，在行政院長閻錫山組閣時，以政務次長代理未到任部長胡適先生的職位。10 月，真除代理的升任外交部長之職。1958 年（54 歲）8 月初，在臺海危機方興未艾之際，他從外交部長改派任中華民國駐美國大使。

　　在這近十年任部長的期間，我蒐集和閱讀他在國內對團體發表演講的剪報並不多，這裡我所筆記的有講演：〈以自由為目的的教育〉、〈共產主義與孔孟學說〉、〈當前外交與僑民權益的維護〉等三篇，和他在陳納德將軍追思禮拜中的一篇〈葉公超致詞追念〉。

　　〈以自由為目的的教育〉是 1956 年 5 月 30 日《臺灣新生報》登載指出：

　　　　葉外長昨在美國學校畢業典禮中的講演。葉外長首
　　　　先提到他於三十二年前畢業於伊利諾州烏班納高
　　　　中，他是該校為唯一外籍學生，對於外籍學生負笈
　　　　異國的滋味不無瞭解。各位不必研讀中文典籍，實
　　　　遠比他為幸運，如非如此，他擔心很多同學今晚將
　　　　無法結業。其次，他並向學生說明了孔子的教育思
　　　　想，是中國人道主義傳統的源泉；並引亞里斯多德

157

所言，如果不能用知識為人生帶來光明與真理，則
知識即毫無價值。

教育制度所必須努力的，是培養我們的青年，使他
們在一個自由、有秩序、有創造性的社會中，一言
一行，都要是一個自由人。同時，強調自律的教
育，自律是所有各偉大宗教領袖的教義之精華，這
基礎便是此一自律的自由觀念。最後，期勉同學：
畢業不是你們生命當中的一個階段之結束，而是一
個更有力量的新階段之開始。

〈共產主義與孔孟學說〉是 1956 年 10 月 12 日至 14 日
《中央日報》分三天的連載，葉外長於 11 日應臺北西區扶
輪社聯合午餐會的演說。因為餐會中也有外交使團的使節和
外賓，葉外長首先針對某些美國學者曾經說「中共只是一些
土地改革者，他們主要的興趣只是想要擴大土地所有權的基
礎，和人民對土地的利用，並不是想使中國的政治制度共產
主義化」的此一說法，提出了反駁。

其次，葉外長指出，儒家哲學的精義，是將文明的希望
建於個人的完滿上。在這方面，儒家哲學和西方人文主義幾
乎是一樣的。

葉外長最後在結論中指出：

儒家思想中的人文主義乃是人的價值與人的尊嚴的

精義，而人的價值與人的尊嚴則必須是我們一切根本自由的基礎。中國人民如對世界文明有何積極貢獻，其貢獻即為此一悠久人文主義傳統的延續，此一傳統是中國人民與自由西方連繫在一起，共同追求一個更高的文明理想，和一個更圓滿的和平和諧的人生，因為我們的人文主義觀念在本質上與西方的人文主義觀念是完全相同的。

在一個持久和平的世界中，個人必須是品德與智慧的泉源。個人必須是一個對其自己行為負責的自由人。即是此一理由，我們自由中國人民決心珍視我們的人文主義傳統，並加以充實和光大，以對抗國際共產主義的猙獰唯物主義。

〈當前外交與僑民權益的維護〉是 1956 年 10 月 30 日《臺灣新生報》登載，葉外長於 29 日上午在華僑經濟檢討會議中的報告。葉外長首先提到，在近百年中，我們在東南亞取得的地位，是沒有政治性的，而是商業性的，對當地的繁榮有極密切的關係。

其次，葉外長提到，一年多以來，有所謂「笑容外交」的出現，在美國、在歐洲，以及一部分亞洲地區，也仍然聽到所謂「和平共存」的論調。葉外長特別分析，蘇俄以及共產國家的所謂「和平共存」，就是蘇俄的優勢共存，在歐洲蘇俄曾屢次提出「歐洲安全問題」。要以東德統一德國，要

劃一條獨立地帶，使蘇俄自己取得的優勢，可以鞏固加強。東南亞今日還遭遇紅患——來自大陸，亞洲國家今日之有共匪滲透勢力，完全是發源於大陸。

最後的結論，葉外長指出，在今日的東南亞，要談繁榮經濟，先要棄除發展自由貿易的障礙，其中最重要的是僑團裡的反自由主義，僑團中有一個害群之馬，便可以把我們所有的經濟能力抵銷了。

〈葉公超致詞追念〉是 1958 年 8 月 10 日《中央日報》登載，外交部前部長葉公超昨（9）日在故陳納德將軍追思禮拜中致詞。從這日期的時間和對葉公超的稱呼，可以推測這時候的葉公超剛卸下外交部長職務，但尚未赴美就任大使一職。

葉公超以外交部前部長受邀在故陳納德將軍追思禮拜中的致詞，全文除了彰顯陳納德將軍他半生的貢獻在中國，尤其是我國單獨對日抗戰的時期，應聘來華，先是擔任我國航空委員會總顧問，以及後來成立馳名於世的飛虎隊，乃至於戰後創辦空運大隊，協助運送救濟物資，對我國戰後復員工作，盡了很大的力量。

葉前部長在致詞追念中，還提到他個人與陳納德私人之間的隆厚交誼。他說：

　　去（1957）年耶穌聖誕節的前夕，我在七點鐘的時候，未經預先約定遽到他在武昌新村的寓所去看

他。我進門就說我來吃飯的，他非常高興。八點多
鐘我們坐下來吃飯，飯後他的太太〔陳香梅女士〕
要他上樓去休息一下。但十點鐘左右他又從樓上下
來了。我很感覺不安，因為我知道他是不甘願做出
一個病人的樣子。

我說我就要告辭了，勸他還是上樓去休息一下。他
說他精神很正常，並沒有發熱，而且本要下樓來抽
一支菸。他太太說他是世界上最不聽話的病人，他
很興奮地接著說：「我也是世界上最會治病的人，
我的秘方就是永遠不相信自己是病人。」他病到那
樣地步還是不服輸的。

最後，葉前部長很感性的說：

陳納德已與我們永別了。可是其人其事，卻值得我
們追念。他那份熱愛中國的友情，將永誌在我們自
由中國每個人的心坎上。他那堅定不移的意志，倔
強的自信心，在逆境中掙扎苦鬥的毅力，將永遠為
後世所景仰。

以陳納德、陳香梅夫婦與葉公超先生之間的密切互動，
和對葉公超先生的了解。陳香梅女士發表在《民族晚報》副
刊悼念葉公超先生的文章，提到葉先生風流倜儻的風範，而

多少紅顏知己今何在？正如陳香梅女士的描述：「他一生中有不少紅顏，是個爽快的性情中人，雖不太流露憐香惜玉之情，但他對於女才人也曾提拔過不少。」的這話來。

我讀黃天才先生 1981 年 12 月 24 日發表於《中央日報》的〈公超先生翰墨遺暉〉一文，還特別提到陳香梅女士悼念公超先生的這段文字。（2022-07-27）

葉公超從外交部長到駐美大使

　　我閱讀 1958 年 8 月 23 日《中央日報》登載，該報記者汪有序寫的〈葉公超大使縱橫談〉之後，對於葉公超從 7 月中交卸外交部長到駐美大使的呈遞國書之間，是有一段空檔的時間，而且是避開訪問的。

　　汪有序先生訪問葉公超，在其〈葉公超大使縱橫談〉記述：

> 這位堅持必須見到任命狀方肯和記者會面的傑出外交家，昨（22）日見到總統的命令後履行他的諾言，在外交部二樓會議室和記者晤談，大到古今中外的史實，小至他的安眠藥劑份量，真是縱橫萬里，無所不談。

〈葉公超大使縱橫談〉一文中轉述：

> 葉大使他生平有二個習慣，一不收集照片，二不記日記，他認為一個人如果有偉大的成就，別人便不會忘記他，自己也就不用收集照片、記日記了。事實上，不但葉公超主持的外交部平時甚少懸掛照片，他家裡也不掛照片，有時甚至連要一張登記照

也找不到。……葉大使的博學多才，外交界也幾乎
無人能出其右；中西文學藝術，他都有深湛的造詣
和修養；他寫得一手好字，也愛畫竹寄意；訪問越
南的時候，還曾當吳廷琰總統的面，一面談判，一
面表演畫竹，獲得越南吳總統的讚賞，在外交上造
成一段佳話。

　　特別是有位記者問葉大使，在當代外交家當中，你最佩
服的是誰？這位即將駐美的傑出外交家推崇美國的杜勒斯。
他說杜勒斯國務卿對國際問題的基本看法非常澈底，杜勒斯
對共產主義「不能永久存在」的觀點，已不是狹義的外交家
看法，而是政治家的認識。葉大使推崇杜勒斯國務卿，可算
得是「英雄惜英雄」，而這兩位外交家傑出人士對共產主義
的認識，也有「英雄所見略同」之感。
　　葉大使說：

　　人類要求更多的自由，是十分自然的事，共產主義
　　的思想與人民的基本要求相悖，終將被人民所唾
　　棄。葉大使的反共，已不止是思想，而且早已身體
　　力行，與共產集團在外交上短兵相接，獲有光輝的
　　戰果。事實上，從南京撤退到現在，一直跟著政府
　　參與反共復國大計的部長級官員，在行政院中只有
　　他和現任外交部長黃少谷兩位了。

　　汪記者的〈葉公超大使縱橫談〉訪問稿，在最後特別提到，二次大戰的時候，葉大使曾奉宣傳部之命，到倫敦主持對英宣傳工作。這次使美，當然又將肩起對美聯繫的重任。葉大使說他到了美國，一定要把自由中國的思想，特別是蔣總統在《蘇俄在中國》巨著中所提的歷史事實和看法，自由中國的進步實況，自由中國人民反攻大陸解救大陸同胞的共同意願，以及大陸匪偽政權迫害人民的真情，儘可能介紹給美國朝野人士。

　　以上這篇，是葉大使在接到政府任命狀受訪的文字概述；以下這篇，我特別摘錄從《傳記文學》第四十一卷第三期，選載自原載美國舊金山中文《天聲週報》刊登黃湜的一篇〈悼念葉公超先生〉。

　　文中有段敘述：

　　　　葉氏奉派出使美國，抵達後得知依次呈遞國書排名第六，頗為不快。抵美之日，艾森豪總統適赴鄉村度假，不在白宮，由副總統尼克森夫婦代為接待白宮午餐，餐後派直升機送往郊外謁見在度假的艾森豪總統。葉氏此行除呈遞國書外，並負有向美國爭取保護金門、馬祖兩地的軍援物資，他深知艾森豪總統一向反對堅守金門、馬祖，因認為該兩地在軍事上毫無價值可言，如何能達成任務，尚在未知數。

當他們兩人見面後，葉氏第一告訴艾森豪總統，他呈遞國書，依次排名第六，總統迅速回答說：「不是第六而是第一，現在你不是已經遞了國書嗎？」

葉氏繼續對艾森豪總統說：「我有一件不情之請，要求美國答應對金門、馬祖軍事物資的援助」，並搶著說：「你們美國陳兵保衛阿拉斯加省兩個沒有軍事價值的據點，目的是對付蘇聯，同樣的理由，我們認為凡是敵人所要的地方，我們就要堅守不讓敵人取去，請總統明察。」

艾森豪總統微笑著說：「這樣的解釋，從來沒有人向我說過。」隨即搖電話告知杜勒斯，在電話中說：「在我身旁有位葉公超先生，是中國朋友中唯一不撒謊的人，我現在給他一張全白支票，叫他明天拿去看你，他要什麼就給他什麼吧。」任務竟能如此容易達成，葉氏的高興可知。

我引述：汪有序〈葉公超大使縱橫談〉的文字，是想提供葉公超先生為什麼著作那麼少的原因，和他在這方面的風格是與胡適先生完全不同的；另引述：黃湜〈悼念葉公超先生〉的文字，是想提供給主張「金馬撤軍論」的人，了解當年葉公超先生是怎麼說服艾森豪總統來支援金馬軍事物資的。（2022-07-28）

葉公超與蔣廷黻的「外蒙入聯案」

　　葉公超先生擔任駐美大使期間，有關重要工作的推動與活動，有些時候國內的報紙也多會加以登載。諸如《中央日報》1958 年 10 月 24 日〈全美記者協會中葉公超演說全文〉；《臺灣新生報》1959 年 2 月 20 日〈在馬凱特大學演說闡明我為自由核心〉、4 月 3 日〈在舊金山聯邦聯誼會警告西方國家永不可對匪姑息安撫〉、7 月 23 日〈在華盛頓接見記者預測北平可能企圖吞併尼泊爾、不丹、錫金等小國〉、1960 年 7 月 20 日〈在費城美國全國商業聯合會及職業婦女聯誼會演說勝利重於和平〉；《聯合報》1959 年 5 月 12 日〈駐美記者楊文璞訪葉公超大使〉等等報導。

　　這裡我特別收錄了三篇資料：第一篇是《自立晚報》1961 年 1 月 19 日登載該報專欄記者發表的〈葉公超與蔣廷黻〉。文中提到：

> 本（1961）年聯大為國際情勢的轉捩點，中華民國所面臨的危機，必較大陸陷匪之十年來為嚴重，作為我國常駐代表的蔣廷黻，自然須及早回國述職，並對若干重要的情勢及其可能發展提出報告及建議。而整個外交政策的須求多方配合，自然不在話下。

該文特別指出：

> 於危難時期主持外交大計，被各方譽為成就輝煌的
> 葉公超氏，在出使美國期間，因格於形式，殊無特
> 殊表現。事實上，作為一個使節，不過是外交政策
> 的執行人，葉氏使美期間縱能在某種情勢下權宜運
> 用，就屬於一定範疇，如以過高標準來衡量他的成
> 就，顯然是不當的。

　　另一篇是《聯合報》1961 年 3 月 2 日登載〈我在聯合
國及華府外交今秋將遇驚濤駭浪〉，首當其衝的兩位執事者
就是常駐聯合國代表蔣廷黻，和駐美大使葉公超。最關鍵議
題，就是爭議以歷多年的蘇聯強勢主張外蒙古進入聯合國
案。

　　根據《傳記文學》第四十卷第四期登出趙世洵的〈記葉
公超先生二三事〉的回憶記述：

> 於是我把心中的悶葫蘆打開，向他〔指葉公超〕詢
> 問民國五十年（1961 年）春夏之交，聯合國為了外
> 蒙古入會的問題，當時我們是安理會的五名常任理
> 事國之一，擁有否決權。美國當時的立場是很贊成
> 外蒙入會，我們的立場當然排斥外蒙，行使否決
> 權。當時，美國國務卿是魯斯克。據說魯氏曾向公

超先生表示，希望我們不要動用否決權，葉氏鑒於國家生存為第一原則，也勉強同意，所謂委屈以求全也。當我把這問題和盤托出後，他顯得非常沉重，板起了臉向我侃侃而談。

該文繼續寫到葉公超說：

蔣〔按：指蔣介石〕先生是反對外蒙入會的，我是主張外蒙入會；蔣先生表示要向今後歷史負責，責備我同魯斯克一鼻孔出氣，問我「是做美國的大使還是做中華民國的大使？」我向蔣先生晉言：「我們在外交上愈來越孤單，朋友愈來愈少，會影響我們今後在國際上的生存。」但蔣先生要向歷史負責，堅持漢賊不兩立的原則，今天你可以看出我們在外交上更孤單了。

接這他又談到「漢賊不兩立」的原則問題，他說：所謂「漢賊不兩立」，並不是說他來了我退出，而是他來了我同他戰鬥下去，把他打倒為止。假使我們贊同葉氏的主張，即使中共踏進聯合國，我們仍舊可以同他做你死我活的戰鬥，也說不定中共因為我不退出，不敢正面與我戰鬥，反悄悄的自己退卻了。

　　以上，趙世洵敘述的這段「外蒙入聯案」經過，我們理解：最後葉公超結束駐美大使公職的其中重要原因，層峰也因而改派蔣廷黻代表為駐美大使。這段歷史教訓很令人值得記取和深思。

　　「外蒙入聯案」之後，《自立晚報》於 1961 年 11 月 11 日，在「新聞眼」有則小方塊登載〈葉公超「辭職」與「政潮」〉，和《徵信新聞報》於 14 日，在「瞭望臺」有則小方塊登載〈葉公超何故辭職？〉的兩篇短文。

　　《自立晚報》的〈葉公超「辭職」與「政潮」〉文中概述：

　　　　由於我國放棄否決外蒙問題，已引起臺北「政
　　　　潮」，而首當其衝的，則為駐美大使葉公超。葉公
　　　　超大使的決定辭職，其成因可能不單純，但喬治葉
　　　　本人的「自願告退」，卻是主要原因之一。但政壇
　　　　對於葉氏辭職的傳說，卻多采多姿。

　　《徵信新聞報》的〈葉公超何故辭職？〉文中概述：

　　　　葉公超大使遲遲不返任的謎團，曾使不少人為之迷
　　　　惑。葉大使為什麼要辭職？外電報導說是由於他與
　　　　當局對否決外蒙入會的政策意見不同，這祇能算是
　　　　皮相之談，事實上，葉氏返國之初自己就說過：

「大使只是執行決策的人」；「政策不同」這句
話，用在大使與政府間的關係上，根本顯得不倫不
類。葉氏的個人意見與臺北方面容有不同，但蔣廷
黻亦有類似情形，而並未「辭職」，可知關鍵不在
其「政見」。

除了上述兩報的談論之外，我們再檢視《傳記文學》第
四十一卷第三期，登載曾任駐美大使沈劍虹〈我從來沒有叫
過他一聲「喬治」〉的文中概述：

1962 年公超回國述職，就未再返任所，究竟出了什
麼事？有種種揣測，有人說他為了外蒙古入聯合國
一案將我國的底牌事前向美方透露的，又有人說他
開罪了某些權貴的，但究竟實情如何，別人無法知
道。我幾次與他閒談，話已到了嘴邊，而又縮回
去，因為雅不欲使他難過使他傷心。他的修養在他
養晦期間的特別顯著，他勤於寫字作畫，並研究中
國文字，而絕口不提往事。

殷惠敏在《誰怕吳國楨？》的書裡，引述：蔣〔介石〕
的侍從翻譯沈錡，就曾在回憶錄中提起，當時在辦公室談話
是必須謹慎小心的：

1953 年 7 月 6 日，舉行（總理）紀念週時，蔣公又
對不來參加的部會首長，責備了幾句，葉外長在
場，很氣，事後對我說：兩小時可以辦許多事情，
卻一定要我來浪費。然後又用英文說：「他可以槍
斃我！他可以下令槍斃我，XXX（三字經）！」葉
先生的脾氣就是這樣火爆，要是有人打小報告，他
就完了。

　　近日來我讀了現任胡佛檔案館東亞館藏主任林孝庭，於
2021 年出版的《蔣經國的臺灣時代──中華民國與冷戰下
的臺灣》一書，其書中針對「外蒙入聯案」的問題，林主任
更根據 1961 年 10 月 17 日、18 日的《蔣經國日記》，在他
的大作中記述：

10 月 14 日，克萊恩與兩蔣父子達成秘密協議：美政
府將公開聲明國府為代表全中國唯一合法政府，堅
決反對北京進入聯合國，甘迺迪將透過特殊管道向
蔣介石私下承諾，美方在必要時將動用否決權以阻
止中共入會，臺北則允諾不否決外蒙入會。細心的
蔣經國向克氏要求，在甘迺迪私下承諾必要時否決
北京入會一段，應加上一句「任何時間」，對於美
方所提臺北需承諾「要求同意對外蒙入聯合國棄
權」的字眼，則要求改為「不使用否決權」，此兩

點皆獲白宮允肯。美方原先要求臺北提出書面承諾，一旦甘迺迪的私下承諾不慎洩露，華府將公開予以否認，但在小蔣力爭下，白宮最後也不再堅持。

林氏在該書中繼續寫到：

至此，雙方談判大致底定，臺北對「外蒙案」的妥協，也讓有關中國代表權的「重要問題案」迎刃而解，新的策略讓國府在聯合國的席次得以繼續維持十年之久。此次危機化解，以克萊恩作為雙方重大議題協商的管道獲蔣介石高度讚賞，一來可避開他所厭惡的美國務院，以及向來由葉公超所主導的對美交涉，二來雙方之間重要問題的溝通可以逐步轉移到其子小蔣之手，並直通白宮。

我們的讀完林氏《蔣經國的臺灣時代——中華民國與冷戰下的臺灣》的書中這段描述，當有助於我們了解當年國府為中華民國在聯合國能繼續保有席次的奮鬥，和涉及國府派駐美大使葉公超、常駐聯合國代表蔣廷黻，乃至於老蔣有意安排小蔣未來接班問題，都顯露在這些議題上的產生非常微妙而又複雜的人事關係上。（2022-08-01、02）

葉公超回大學授課的重溫舊夢

1962 年 3 月 14 日《自立晚報》刊載，標題〈新月詩人
重執教鞭 葉公超諧趣驚四座〉，刊載的文內首先提到：

> 脫離了粉筆生涯十七年之久的前北京、清華、西南
> 聯大等校教授、外交部長、駐美大使葉公超先生，
> 昨天（13 日）下午三時在國立臺灣大學文學院第 24
> 教室裏又重新執起了教鞭，講授「英美近代史詩」
> 的課題。

該報記者趙光裕描述了當日葉教授的授課大要：

> 談到詩，大使教授拿起粉筆在黑板上一連畫了兩條
> 波度不同的曲線，他說，詩是離不開不了韻律的。
> 在這方面，中國詩人比起西洋詩人士相當吃虧的，
> 因為所有西洋的語言發起音來都是平緩的波浪式
> 的，他們一個字有時候會有幾個音節，最適合於詩
> 章的安排，而我們的語言文字都是單聲發音，而且
> 都是緩急不相調諧，於是，聽起來便不夠悅耳。

另外，該報又提到葉教授指出：

在西洋詩人和中國詩人兩相比較起來，就有很多地
方不同了，我們詩人都侷限在個人的生活圈子裏，
根本忽略了外面事務，而人家的非常遼闊，人生經
驗更是特別豐富，像西班牙內戰時，英美便有四百
多位詩人前往參觀戰地的實況，他們的目的，便是
要徹底明瞭西班牙內戰是為多數人的自由而戰？抑
是為少數人的權位犧牲？因此，他們的作品便和現
實的政治、科學連到了一起。經驗便遠超出「女子
宿舍」和「象牙塔」之外。

最後談到讀詩的修養，尤其是今天生活複雜，思想複
雜，人們的情緒變化很快，在上、下意識之間的經驗，時刻
變化，感情的延續，已不是直線式的進行，因此，自相矛盾
的事情很多。

有關葉教授這天在臺灣大學的授課情形，在 1982 年 6
月 18 日《聯合報》登載湯晏的一篇〈追憶葉公超在臺大講
英詩〉。湯文記述：

葉公超於 1958 年辭卸外交部長職，即出使美國，於
1961 年奉召返國，翌年受聘臺大，在外文系開一門
課名「現代英美詩選」，是一學期制的選修課，每
週二小時，排在每星期二下午第七、第八節，即下
午二點至四點，時間排得並不很好。可是第一天來

175

聽課的人，在臺大來說，可謂盛況空前。

……因為第一天來聽課的學生，很多是旁系的學生，慕葉公超名想一瞻葉氏風采而來，至於說，講英詩好壞，或懂不懂則反屬次要，像我也一樣，也非外文系的學生，而且快要畢業了，也來湊熱鬧，也來擠。

湯文除了也就那天聽葉公超上課的精彩內容做了敘述之外，最後提到沒有常去聽，是因為自己是一個工讀生，那學期選了沈剛伯的羅馬史，但不想做一個「不務正業」的學生，花太多時間去聽外文系的課，何況又在一個新聞機構兼差，所以後來就沒有繼續去聽葉公超的課。

湯晏雖然沒繼續聽葉公超的授課，他對葉公超的興趣，數十年如一日。根據 2014 年 10 月 15 日《中國時報》林博文發表的一篇〈葉公超的時代悲劇〉提到，原因之一是，葉氏是近代中國研究美國詩人艾略特的第一人，而湯晏亦對艾略特的《荒原》長詩頗為欣賞。

湯晏數年前出了一本即受兩岸讀者喜歡的《民國第一才子錢鍾書》。他所寫的《葉公超傳》，是把葉公超的一生分成兩個世界，一個是他前半生所醉心的「艾特略世界」，另一個是他後半生所專注的「杜勒斯世界」。前者是「文學的葉公超」，後者則為「外交的葉公超」。

2015 年 5 月 29 日《中國時報》特別又登載了林博文的

一篇〈悲劇外交家葉公超〉，是為湯晏出版《葉公超傳》的
導讀。（2022-08-03）

葉公超的幽居歲月 20 年

1962 年 6 月 21 日《自立晚報》登載記者蕭大樹寫的〈葉公超靜居臺北〉，文中的最後提到：

> 據記者所知，近數月來，除了有關教學及書本的事情之外，葉教授必不提及時局及政治上的任何問題，據說：「他曾經這樣對人說：我發現我仍然適宜教書，從莎士比亞的作品中，我又可以看到當年的自己。」

同年 12 月 15 日《臺灣新生報》登載記者劉朗寫的〈葉公超閑來繪瓷〉，文中描述：

> 葉公超與友人參觀位在北投中央南路二段的中華藝術陶瓷公司，這位鬢髮已斑的外交耆老，架着眼鏡在那家陶瓷廠，聚精會神，一共畫了一個烟碟，一個菓盤，一個花瓶和一個大盤。葉在仿製清朝的那面大瓷盤上，他提了蘇東坡的一首詩：「萬里家山一夢中，……明年採藥天臺去，更欲題詩滿浙東。」葉氏的風範，葉氏的風雅，以及他在外交部長任內的建樹，並未因為他的卸任使一般人淡忘。

　　葉公超幽閑的字畫藝術生活，亦顯現在 1981 年 12 月 24、25 日《中央日報》黃天才發表的〈公超先生的翰墨遺暉〉一文，文章中還特別附上其請葉公超題的「愛管是非生性直 不憂得失此心寬」墨寶。以及 1982 年 3 月 26 日《聯合報》謝冰瑩發表的〈哀一面之緣〉，記述了她是如何幸運地蒐藏到葉公超一幅墨寶的經過，在文章中亦特別附上葉公超送給作者的一張墨竹。

　　另外，對於葉公超的幽居生活情形，特別是詳細記述了有關葉公超過世前的那一段日子的，這裏我剪報蒐藏了 1981 年 11 月 30 日《聯合報》刊出，葉明勳發表〈一代奇才的脾氣——敬悼葉公超博士〉的這篇文章。葉明勳在文中敘述：

> 　　公超先生卸下大使職務之後，暫居松江路。這時我也已經遷居至松江路了，同住一個巷子，我們成了鄰居，他的門牌是十八號，我是二十二號，往來極為密切。……後來他搬家天母，上午進城開會，若下午沒會即直接返鄉間休息，倘若午後仍有事務，則習慣性的留在我們家中吃中飯。飯後，我們給他枕頭和毯子，他就在客廳長沙發上假寐，我們也不理會他，自己上樓做自己的事，而他總休息約莫一個鐘頭，自己開了我們家的大門離去。

葉文中又提到他們一起有過兩次旅行：

一次是民國五十四年九月。吳三連先生還請葉公超
先生、蕭同茲先生、黃少谷先生、黃雪邨先生及夫
人和我與內子，從臺北下新竹、臺中、臺南、高雄
做一個星期的遊覽，參觀吳三老所領導的關係企
業。另一次是十餘年前黃少谷先生生日，蕭三爺
〔按：指蕭同茲〕、公超先生和我一起下高雄陪他
旅行，然後三爺有事先北返，剩下我們三人連袂到
鵝鑾鼻、墾丁公園遊玩，還去了四重溪洗溫泉。
今年他過生日，農曆九月十二日正是陽曆十月九
日，國賓大飯店董事長許金德要替公超先生過生
日，由我打電話與他說定八日為他暖壽，另外並邀
請黃少谷先生、黃達雲先生、袁企止先生、張麗門
先生，和吳三連先生、魏景蒙先生等幾位公超先生
的老友作陪。……公超先生雖官居顯要，但經濟情
況常常顯得拮据，其中有兩次是我替代設法解決
的。公超先生寫了兩幅對聯，一幅我拿給故臺省議
長黃朝琴先生，一幅拿給林柏壽先生，為公超先生
濟急，撫今思昔，甚感愴然。

葉文的最後特別提到：

二十年來，公超先生一直抑鬱寡歡，一掃過去的風流倜儻，而晚年龍鍾老態十足。張麗公常勸他：「你這一生，中日條約、中美協防條約都是在你手中完成，已經足夠了。輕鬆、輕鬆吧！」公超先生是個絕頂聰明的人物，但是在這一方面卻不能釋懷。

這次他在榮總跌跤腿骨折裂開刀，十一月十八日下午華嚴與我相偕到四十五病房第九室探望他，一進門他就一手執着華嚴的手，一手掩着面孔唏噓哭了。自己說：「見到老朋友，我就忍不住哭。」這何曾是以往具有「恃才傲物」之性情的葉公超？在病床上公超先生緊緊的抓着華嚴的手，不斷的問：「你們要走了嗎？你們要走了嗎？」孤獨寂寞的神情在臉上一覽無遺，待我們走時，他竟突然睜開眼盯著我看，至今想着，十分難過。

十九日我又往榮總看他去，誰料到已心臟病突發，送入加護病房急救，終於不治在二十日上午九時零五分與世長辭。……魂兮歸來乎，公超先生，嗚呼哀哉！七十年十一月二十七日於臺北。

葉明勳發表的這篇文字，尤其最後部分讀來真感人，也最能道盡葉公超先生晚年的心境與情景，我特別用較長的文字將它筆記下來。

　　2012 年 11 月 16 日，《中國時報》登載，傅建中的
〈葉公超與韓素音〉一文，曾轉述了高克毅回憶，五十年代
他初次去臺灣，曾去外交部拜訪當時的部長葉氏，談話時葉
公超毫不顧忌的批評蔣介石政府為法西斯政權，葉氏的敢言
和他從駐美大使任內星夜召回後，在臺灣過了將近二十年的
幽禁歲月，張岳軍（群）就曾說過，葉公超因不聽話才會賈
禍。

　　傅先生在其文中又提到：葉公超的另一位老友魏景蒙應
他之請評論葉的遭遇時則說：

　　　　公超的線裝書讀得不夠，以致不了解伴君如伴虎的
　　　　道理。就如同葉明勳說的：「提起李白，除了詩忘
　　　　不掉他的酒；徐志摩，除了散文忘不掉他的愛情；
　　　　葉公超先生，除了他的外交成就與風流文采，我們
　　　　也忘不掉他的脾氣。」

　　1984 年 2 月 20 日《中國時報》登載，何欣先生發表的
一篇〈一字不苟的葉公超先生〉，該文記述了一段葉公超、
林語堂、梁實秋等三位先生編撰國中英文教本的經過。何先
生說：

　　　　大概是在民國五十七年，國立編譯館要重新編一套
　　　　國中英語教本，當時擔任教科書主任的現任編譯館

館長熊先舉計畫約請在臺灣的三位第一流學者來擔
任編輯工作，即葉公超先生、林語堂先生、梁實秋
先生。這三位英語界前輩都有編輯教科書的實際經
驗。

林語堂自民國二十幾年起為開明書店編開明英語讀
本，梁實秋為遠東圖書公司編的遠東英語讀本也為
臺灣大部分中等學校所採用。葉公超雖沒有編過初
中英語讀本，但他為世界書局編過一套高中英語讀
本，為商務印書館編過五專英語讀本。

三位中的梁實秋沒有「應約」參與這件工作，因為
他不認為「三頭馬」合寫的教科書能夠盡善，他推
薦當時師範大學英語系主任楊景邁先生代替他。當
時，決定楊景邁寫第一、二冊，葉公超寫第三、四
冊，林語堂寫第五、六冊。後來發生輪到林語堂編
第五、六冊時，林先生正集中全力編輯他那部漢英
辭典，不擬編第五、六冊了。

何欣奉示去看葉先生，希望他來繼續編第五、六冊，沒
有想到葉先生很乾脆答應下來了。根據何欣文的描述：

> 言談之間彷彿透露他需要一些錢，怎樣談起的，事
> 隔十四五年，已不復記憶！他當時甚至還曾問我為
> 編譯館審查一本教科書的審查費有多少哩。據他

說，他為世界和商務編的那兩套書實際上並沒有多
少收入。我把葉先生「慨允」續寫最後兩冊的事報
告館長時，劉館長放心的說：「這就好了」。後
來，林語堂並沒有再提起不寫第五、六冊的事。何
欣又奉示向葉先生說明林先生仍舊自己編寫第五、
六冊的決定時，葉先生只是笑了笑，說：「那咱們
就省事了。」

何欣的這段記述，我們可以解讀葉公超、林語堂、梁實
秋等三位先生，對於編撰教本「嘉惠學子」的看法和精神受
人肯定，但我們亦可從中感受到學人不能不「為稻粱謀」的
苦境。

以下這張剪報，是 1982 年 11 月 23 日《聯合報》登
載，曾任《中央日報》社長阮毅成發表的〈蒼涼身世又誰
知——悼念葉公超先生逝世一週年〉。在這篇悼念文中提
到：

民國四十九年，公超先生自駐美大使任內回國述
職，他不方便問他，乃去問王雲五先生。雲五先生
不但與他是廣東同鄉，也是他令叔遐庵（恭綽）先
生的好友。平時極賞識公超先生，曾屢次多方予以
維護。

阮文回憶：

> 民國五十四年〔1965〕，國父百歲誕辰，全國舉行
> 盛大的紀念會，由雲五先生主持。會後，設立中山
> 學術文化基金會，雲五先生自任董事長，以我為總
> 幹事，並請公超先生任董事，主持名著編譯的工
> 作，再主持文藝創作的審議。因而，我們又常在一
> 起開會。與會者多為學術界與文藝界的知名之士，
> 負有眾望。每每發言盈庭乃至相互爭辯。他認真負
> 責、博學、公正無私，只要他一言為決，大家就心
> 悅誠服，從無後言。

阮文又提到：

> 去〔1981〕年九月，中山基金會舉行董事會，他也
> 是出院不久，持了拐杖，由司機、女秘書、特別護
> 士，扶持而來。我很驚訝他忽然老之以至，步履龍
> 鍾，精神疲憊。他進入會場，就近坐在主席的位子
> 上。直到散會，他未發一言，卻突然發現坐錯了位
> 置，幽默地說：「我位置坐錯，會是不是要重行開
> 過？」自此，我就未再見到過他。

「中國文藝學會」文藝獎得主、同在陳奇祿政務委員辦

185

公室擔任機要秘書的周伯乃指出：

> 葉公超先生晚年的確是很寂寞，在行政院任政務委
> 員時，就很少訪客！不在政治權力核心人的落寞。
> 所以，當年孫如陵先生給我一句名言：「當你上臺
> 時，就要有下臺的打算！政治舞臺是很現實的，當
> 你在位時，可能要見你的人，車水馬龍；但一旦下
> 臺後，可能是門可羅雀！」

我寫【閱讀葉公超筆記】的這一專欄部分，特別將阮毅
成的這篇〈蒼涼身世又誰知 —— 悼念葉公超先生逝世一週
年〉留在最後的做筆記，主要是因為我閱讀了阮社長的悼念
文，提到葉公超先生的擔任中山學術文化基金會董事，主持
名著編譯的工作，再主持文藝創作的審議，這與我有意整理
1960 年代中華民國的文藝政策是有非常關係的。（2022-08-
04、05）

葉公超寫魯迅和梅貽琦

　　葉公超先生留下的作品非常少，加上他不寫日記的習慣，所以現在我們就比較少有機會閱讀到葉先生發表的文章。尤其是後來他從離開杏壇轉入政壇之後，或許這是葉先生對政治態度的聰明作法，避免給自己惹禍上身的帶來困擾。在我蒐集有關葉先生作品的剪報和藏書中，很難得的找到一篇是從報紙轉載的剪報，和一篇是從書本的收錄而來。

　　這一篇從報紙的剪報，由於我的疏忽，沒有能留下轉載報紙的名稱和日期。根據報紙所用的字體，應該是《聯合報》，轉載日期可能是在 1985 年前後。不過這已不是很重要的問題，在這裡我們所要重視的是，葉先生當時寫於民國二十五年（1936 年）十二月八日，發表這篇名為〈魯迅〉文章的主要內容。

　　編者註說：

　　　　葉公超在外交史上的事功頗為人稱道，但他的文學觀念卻不是一般大眾所熟悉的。由於葉氏惜墨如金，文學作品極為希罕，因此本文之發現彌足珍貴。名家談名家，時隔五十年之後重看，更具歷史意義。

　　葉文首先提到民國八年的五四運動之後，魯迅受到歡迎，青年人愛讀他的雜感，讀了感覺痛快，感覺興奮，當然不只是因為他的文字有力量，或諷刺有幽默，雖然沒有人能否認他在這兩方面的技能，主要的原因是在他能滿足一般人，尤其是青年們，在絕望與空虛中的情緒。不過，他的影響終於只是使我們沉溺於在自己的憤慨失望中而已。他那反抗的咆哮，無情的暴露，只能充實一時的空虛，有時還能給我們一種膨脹的感覺，也許就是安慰，不過轉眼卻又依然是空虛與絕望。

　　尤其魯迅有一種抒情的文字，常夾雜在他的小說與雜感中的。葉文特別舉魯迅在《三閑集》裡，描寫他自己在廈門住在圖書館樓上的生活情形。這種「沉靜下去了」的感傷情調是魯迅的一種特色。但是魯迅最成功的還是他的雜感文，在雜感文裡，他的諷刺可以不受形式的約束，所以盡可以自由地變化，夾雜著別的成分，同時也可以充分利用他那鋒銳的文字。他的情感的真摯，性情的倔強，知識的廣博都在他的雜感中表現得最為明顯。

　　葉文最後指出，在這些雜感裡，我們一面能看出魯迅的心境的苦悶與空虛，一面卻不能不感覺他的正面的熱情。他的思想裡而閃爍著偉大的希望，時而凝固著韌性的反抗狂，在夢與怒之間是他文字最美滿的境界。這是葉公超對魯迅文字魅力，和其所受到歡迎的評價。

　　另外，葉公超這一篇從書中收錄的，是由許逖編《近代

學人印象記》，其中有篇是選自葉公超寫的〈梅貽琦——一位平時真誠的師友〉。許逖編的這本《近代學人印象記》，是由陳星吟擔任發行人的晚禪書店，於 1970 年 4 月出版的叢書之一。該書選錄的還有胡適寫〈記辜鴻銘〉、〈丁在君這個人〉、〈追悼志摩〉，羅家倫寫〈元氣淋漓的傅孟真〉，金溟若寫〈懷念朱自清先生〉，羅爾綱寫〈師門五年記〉等多篇文章。

葉公超在這篇寫有關梅貽琦的文章裡，他特別提到有一椿事，就是要替這位寡言的師友說幾句話。葉文指出：

> 政府遷臺之前，梅先生就到美國去了，他到美國去並不是做寓公，而是去繼續保管清華的基金。這基金是中美兩國政府當初共同決定給中華文化教育基金會保管的，而這個董事會是由中美兩國人士組成的，要動用這基金的款項，必須大多數的董事同意，而事實上假使有一兩個董事不同意，案子是提不出來的。
>
> 那時就有人——我也在內——認為清華基金的利息，不應當完全用於美國維持少數中國的研究人員，而要拿回臺灣來，用於教育文化方面的事業；那時，我在外交部，我的態度當然是支持這種主張的，同時胡適之、蔣廷黻兩位先生都和我的看法一樣，梅先生個人的主張實際上也和我們相同，但是他還是

清華大學校長，他的責任感不允許他輕易的發表意
見，尤其是在沒有提出具體計畫之前，他不願意向
美國方面的董事表示任何意見。……所謂「長期的
科學計畫」是我從梅先生那裡第一次聽到的。

葉文最後指出，梅先生做人、讀書、做事，都可以拿
慢、穩、剛三個字來代表，而最令人想念他的，就是他的真
誠。

我在這裡順便要提到的，是許逖編《近代學人印象記》
的這本新書，那是我 1970 年 9 月剛進大學的時候買的，除
了書內容有多篇關於胡適的作品之外，當時這本書的書名有
「近代學人」，它也是啟發了我當年撰寫〈近代學人著作書
目提要〉的構想。

後來我看到 1977 年 4 月，爾雅出版社也出版有一本有
「學人」為名的《現代學人散記》，是由《中央日報》記者
胡有瑞女士的採訪王雲五、吳大猷、梁實秋、沈剛伯、薩孟
武、李芳桂、沈宗瀚、趙麗蓮、魏火曜、鹿橋等學人的文
章，先登載於《書評書目》，爾後的彙集成書。

王雲五先生的特別照顧葉公超，還有《書目提要》與
《書評書目》的圖書館學概念，讓我做了這一有意義的聯
想。（2022-08-09）

葉公超與《中日和約》的簽訂

2023 年 8 月 9 日，《中央社臺北電》，日本前首相、自民黨副總裁麻生太郎訪臺期間表示，避免臺海戰爭要靠嚇阻要做好打仗的心理準備。中國大陸外交部宣稱，日本「個別政客」不顧中方堅決反對，執意「竄訪中國臺灣地區」並「大放厥詞，渲染臺海局勢緊張，挑動對立對抗，粗暴干涉中國內政」。此舉嚴重違背「一個中國」原則和「中日四個政治文件」精神，「嚴重踐踏」國際關係基本準則。

中國大陸外交部聲稱，臺灣「是中國領土不可分割的一部分，臺灣問題純屬中國內政，不容外部勢力干涉」。日本曾對臺灣殖民統治長達半個世紀，對臺灣人民的反抗殘酷鎮壓犯下罄竹難書的罪行，對中國大陸負有嚴重歷史罪責，最應該做的「就是反躬自省、謹言慎行」。日本「政客竄臺言必稱戰，擺出唯恐臺海不亂的架勢，是想把臺灣民眾推向火坑」。中國大陸早已不是 1895 年簽訂馬關條約時的清政府，日本「個別政客又哪來的資格和底氣在臺灣問題上說三道四」。

中國大陸外交部重申，陸方嚴肅敦促日方深刻反省侵略歷史，恪守一個中國原則和在臺灣問題上所作承諾，不得以任何方式干涉中國內政，不得以任何方式為臺獨分裂勢力撐腰打氣。陸方已向日方「提出嚴正交涉，予以強烈譴責」。

　　不過，日媒報導，有關麻生太郎在臺灣作出「要做好戰爭心理準備」的發言，日本內閣官房長官松野博一則強調，「期待和平解決臺灣問題」。

　　根據上述中國大陸外交部與日本內閣官房長官所分別的報導新聞，緣起因為麻生太郎 8 日在臺北出席「凱達格蘭論壇──2023 印太安全對話」發表開幕演講時表示，避免臺海戰爭要靠嚇阻，要有充分嚇阻能力，要做好打仗的心理準備，最關鍵是要讓對手充分了解自身有「不惜動武維護臺海穩定安全的明確意志」，其所引發的回應。

　　我們從麻生訪臺的回顧「中日和約」簽訂經過，可以理解前日本首相麻生太郎外祖父吉田茂與中華民國總統蔣介石的密切關係，1952 年簽訂的《中日和約》得以在其表弟河田烈的代表日方與我國外交部長葉公超的圓滿完成任務。

　　麻生這次訪臺特別提到他小的時候曾經隨同當時擔任日本首相的外祖父吉田茂到臺灣來，拜會了已故前總統蔣介石的這段往事。尤其當麻生在與臺北市長，也是蔣介石的曾孫蔣萬安的時候，可想見的同是名門之後，所以麻生與蔣萬安的會面時間必有話猶未盡的感受，或許更有助於蔣萬安促成召開「東亞城市峰會」構想的實現。

　　日本自 1860 年以來的明治維新，和二戰之後的推動政黨政治，逐漸形塑起派閥或家族式的政治形態。諸如麻生太郎的外祖父是前首相吉田茂，而吉田茂妻子的祖父是奠定近代日本基礎的大久保利通。從麻生太郎的角度來看，大久保

利通是其高祖父。

麻生太郎跟已故前首相安倍晉三都是「親臺派」，兩人還有遠房親戚關係。因為麻生太郎的舅舅是吉田寬，吉田寬的表兄弟是前首相岸信介，而岸信介的孫子正是安倍晉三。麻生太郎的妻子則是前首相鈴木善幸的女兒，不僅如此，麻生太郎的妹妹麻生信子因為嫁給日本皇室三笠宮寬仁親王，成為寬仁親王妃，讓麻生太郎也跟皇室有了深厚關係。

當今我們探討麻生外祖父吉田茂與蔣萬安曾爺爺蔣介石的關係，我們就可以把時間拉回到 1952 年簽訂《中日和約》的歷史經過。根據當年擔任採訪記者于衡《烽火十五年》的記述，《中日和約》會議於 1952 年 2 月 20 日在外交部的二樓會議室正式揭幕，到《中日和約》簽訂的日期，已經是 4 月 28 日了。而且合約簽字時，是在《舊金山和約》生效前七小時，勉強克服了《舊金山和約》中所存在的問題。

回顧《中日和約》的雙方代表團成員，我國的代表是外長葉公超（1904-1981）、政務次長胡慶育、常務次長時昭瀛、條約司長薛毓麒（1917-2001）等；日方的代表是前任大藏大臣河田烈、臺北事務所所長木村四郎七、外務省亞洲局第二科長後宮虎郎等人。河田烈當年他已六十九歲，葉公超僅年四十八歲，薛毓麒也僅三十五歲。

《中日和約》在談判之前，所觸及的第一個困難是日本方面希望條約名稱，不叫做《和約》，而稱之為《友好條

約》，我方則堅持必須使用《中日和約》，後來在美國杜勒斯的奔走下，日方同意使用《中日和約》。第二個階段是日本不願在談判和約時，我國提出賠償條款；第三個階段，是和約的適用範圍問題。在三個階段中，第一階段日方讓步，第二階段是我方遷就日本的意見，第三個階段是折衷方案。

《聯合報》于衡提到他永遠不能忘記的一件事是：1953年 3 月 16 日晚上在張群公館門前的採訪。那天是星期天，河田烈的司機透露給他一個消息，晚上張群公館有會。於是他在五點多鐘，便和一位攝影記者到了女作家林海音的家中，把採訪車放回報社。因為海音的家就住在張群的對面。到了九點多林家要休息了，他們只能到張群家門口附近，直到十一點才拍到河田烈的座車與葉公超的座車，好不容易有了獨家，但在張群給中央社的一通電話之後，完全把會談的新聞沖淡了。

《中日和約》簽訂的艱辛過程，在當時擔任總統府祕書長張群亦在其中穿梭的扮演關鍵角色。張群在其著作《我與日本七十年》有詳細描述，特別是過程中許多的文件和信息傳達，張群皆透過河田烈的轉呈吉田首相，使得簽訂中日和平條約得以順利落幕。

《中日和約》所代表的意義，除了在宣示中華民國或中華人民共和國與日本的戰爭狀態結束之外，還有代表著是至今界定臺灣主權及國籍移轉的最後一個國際條約。

1964 年 2 月 23 日，當時已卸任首相的吉田茂還曾帶領

其女公子麻生和子夫人和國會議員等來臺拜會總統蔣介石，繼續為兩國外交關係奔走，終為中日關係史上留下所謂「吉田書簡」的歷史寶貴文件。這段吉田茂及其女公子麻生和子的一起來臺訪問，或許可以為我們串起了這裡所論及前首相麻生太郎的家族關係了。

《中日和約》與《舊金山和約》都是當年關係中華民國在國際外交上的重要條約。尤其《中日和約》在中華民國與日本外交上扮演兩國關係的重要角色與地位。令人遺憾的是1972 年秋，當中華民國退出聯合，美國尼克森總統有意與中共建交之際，日本「搶搭巴士」的與中華人民共和國建交，當時日本首相田中角榮一聲不響地廢除了《中日和約》。

我曾於 2022 年 7 月 18 日起至 8 月 9 日止，撰寫了【閱讀葉公超筆記】一共 12 篇，我筆記葉公超的文獻資料是從他 1954 年派駐美大使開始記述，而這篇記述葉公超部長代表政府於 1952 年簽訂《中日和約》的文字，就列入是我【閱讀葉公超筆記】之外一篇吧。（2023-08-11）

第三部分

筆記戰後臺灣余英時歷史文化言論述

余英時《人文與民主》

這次藉余英時先生的過世，把身邊的筆記草稿略作整修，期望對有興趣了解或有意進一步研究余英時學術思想的讀者，能有一點點的幫助。本文先介紹余著《人文與民主》，2010 年 1 月，臺北時報文化出版）。

余英時在《人文與民主》的〈自序〉提到：本書的主題是「人文與民主」，包括三單元：一、人文研究篇，二、民主篇和三、思想篇。這三個單元環環相套，是不能截然分開的。

余英時在學術思想上受到胡適的影響很深，也都服膺自由主義與民主思想。余英時強調人文修養對民主有很重要的關係，民主不只是「量」（quantity）的問題，一人一票。民主有「質」（quality）的問題，就是領導社會、政府各階層的領袖，必須要有高度人文修養，否則不配做民主時代的領袖。

余英時在《人文與民主》的書中指出：

> 胡適在美國講中國民主歷史的基礎，也提到中國有許多好的傳統，可以和民主制度配合的。我們不可一口咬定儒家文化不一定不能建立民主制度。

　　余英時在學術淵源上，也傳承錢穆與楊聯陞的乾嘉考證與人文通識治學。既有著知識分子創造知識的成就，也有著知識分子現世關懷的人文主義精神。尤其是一個在大時代裡生存的人，不可能不面對自己身處的歷史。

　　余英時從老家安徽潛山的鄉村經驗，經香港新亞，到美國哈佛、耶魯、普林斯頓等各大學府，他好學深思，心知其意的不斷反思，不斷自我挑戰，這樣才可能成就其所認知的通識治學，是每一位讀書人所冀望達到人文素養的階段。

　　「素養」可解讀讀書人平素的修習涵養，也就是我們一般所指的「鴻儒」。他不但要能夠立義創意，眇思自出於胸中，而且能夠培養出道德高尚與崇尚知能的人。

　　如果我們最簡單的定義來描述「素養」或是「鴻儒」，則可稱為「最有價值的知識是活用的知識，一種融會貫通後能在生活中活用的跨域知識」，也就是現在我們學校裡所要強調通識的全人格教育，更是我們社會所應該普遍重視的人文素養。

　　臺灣已經走過威權統治，在這民主化歷經的過程中，我們也先有了臺灣省臨時參議員、省縣市長、議員等類型的地方自治選舉，又經補選、增額的中央民意代表選舉，才發展到有 1996 年總統直選，2000 年政黨輪替的成功經驗。

　　從余著的《人文與民主》書中，我們當關注臺灣實施民主政治的發展，但仍須從人文修養培養出民主修養，政黨輪替不只是選票量的問題，而是要有民主素質的提升。所有的

公民抗爭運動，其本質上就應具有最基本的人文與民主修養，這才是我們所要建立的自由法治社會。

2014 年 3 月 18 日，臺灣爆發學生攻進立法院議場的「太陽花事件」，其標榜所謂民主政治的公民運動，卻發生學生和群眾的佔領立法院，還強行進入行政院辦公室的行動。猶記得當時余英時曾表示支持太陽花的學生運動。

我們若從余著 2010 年就已經出版《人文與民主》的書中理解，其所強調的人文精神與民主素養，對照其在 4 年之後臺灣所發生的「太陽花事件」，讓我們不禁懷疑這樣的抗爭行動，是不是就是余英時所論述的人文與民主，也就是我們臺灣自由民主所要追求的公民法治社會嗎？

承上述，對余英時先生的支持「太陽花事件」表示存疑的態度？2022 年 5 月，INK 出版了顏擇雅編《余英時評政治現實》一書，我讀到頁 244 的顏擇雅寫道：

> 〔2014 年〕三月二十三日晚，有一批學生衝進行政院。當晚我接到余英時另一封傳真：我〔按：指余英時〕最近得到消息，抗議越弄越大，已不只要求服貿「逐條審查，逐條通過」了。我覺得學運組織已控制不住抗議群眾，我很擔心。若運動變成「革命」性質，不再尊重民主體制，而擬推翻執政黨政府（不經選舉），或逼馬英九下臺，則似已超越限度。我很擔心事件以後以暴力解決。這幾句話是對

你個人說的，不要公開。但你可以把我的意思私下
傳達給劉〔按：指劉靜怡〕教授。

顏擇雅編《余英時評政治現實》這書時，公開了余英時
給她的這封傳真，是要展現余英時支持公民抗爭，但反對暴
力革命的一貫主張。（2021-08-09，2022-12-12 補記）

余英時《重尋胡適歷程：胡適生平與思想再認識》

　　本書全名《重尋胡適歷程：胡適生平與思想再認識》，2004 年 5 月初版、2007 年 4 月初版第二刷，中央研究院、聯經，304 面。

　　本書收錄：1.從《日記》看胡適的一生、2.論學談詩二十年——序《胡適楊聯陞往來書札》、3.中國近代思想史上的胡適——《胡適之先生年譜長編初稿》序、4.《中國哲學史大綱》與史學革命、5.胡適與中國的民主運動、6.文藝復興乎？啟蒙運動乎？——一個史學家對五四運動的反思。本書後來的增訂版，則增加一篇〈胡適「博士學位」案的最後判決〉。

　　我回溯 1970 年代，我的開始利用剛學到圖書館學方法，撰寫《近代學人著作書目提要》，我的選擇的第一人，也是最後一人，就是〈胡適之先生著作書目提要〉。當時還沒有開始使用現代電腦這麼方便的搜尋和彙整資料功能，方法相較之下，我當時也可說只是土法煉鋼的笨拙罷了。

　　〈胡適之先生著作書目提要〉中有篇〈藏暉室箚記〉（後來更名《胡適的留學日記》）的提要，現在拿來對照余英時在《重尋胡適歷程：胡適生平與思想再認識》，這書中所介紹的〈從《日記》看胡適的一生〉，自覺汗顏。不過，

自己想想，那時我也才剛進入輔仁大圖書館學系的學生研習階段。

也因為自己從年少時期即是「胡適迷」，2016 年我從教職退休下來的開始審修【臺灣政治經濟思想史論叢】，我就整理我研究與發表有關胡適的文字，我就分別在《（卷三）：自由主義與民主篇》收錄：1.我撰寫《近代學人著作書目提要》的心路歷程，2.1950 年代前後臺灣「胡適學」與自由主義思潮等二篇論述。《（卷六）：人文主義與文化篇》則收錄有：1.胡適 1970 年代臺灣重要著作書目提要的補述，2.近代學人 1970 年代重要著作與胡適的文化記述等二篇論述。

論學談詩二十年——序《胡適楊聯陞往來書札》，是記述 1943 年至 1958 年胡適與楊聯陞的往來書札。楊聯陞會把他與胡適來往的信札影印送給余英時，這也凸顯余英時學術成績已經受到楊聯陞老師的肯定，相信將他與胡適之間來往的論學談詩，其中的重要精髓是余英時可以理解和加以闡述的。

中國近代思想史上的胡適——《胡適之先生年譜長編初稿》序，聯經公司還於 1984 年特別以《中國近代思想史上的胡適》為書名，出版了單行本，110 頁。余英時在〈前言〉特別指出：這部《胡適之先生年譜長編初稿》是胡頌平先生花了整整五年的時間（民國五十五年一月一日至六十年二月二十三日）編寫成功的。如果再加上後來增補的資料，

前後經過十五年多才完成這部三百萬多字著作。

《中國哲學史大綱》與史學革命，有關《中國哲學史大綱》一書，是胡適改寫自他的博士論文，最早是 1919 年由上海商務印書館出版，1970 年臺北商務人人文庫以《中國哲學史大綱》（上卷）重新出版。全書分十二篇。

蔡元培在〈序〉中特別指出，此書具有證明的方法、扼要的手段、平等的眼光、系統的研究等四大特點。余英時認為此書除了是受到了西方哲學史的影響，同時與中國考證學的內在發展可以相應，對於史學的研究方法在論述中國哲學思想方法，具有革命性的建立典範的作用。

胡適與中國的民主運動，1947 年胡適在北平的一場演講中指出，世界文化有三個共同趨勢：第一是用科學的成績解除人類痛苦，增加人生的幸福；第二是用社會化的經濟制度來解放人類的思想，發展人類的才能，造成自由獨立的人格；第三是民主的政治制度。

余英時認為胡適在人文學的領域內，是以均衡的通識見長，胡適在中國提倡民主自由運動恰好能發揮他的通識的長處。余英時更深入指出，胡適雖以「反傳統」著稱，但是胡適在推動中國的民主運動時，卻隨時隨地不忘為民主、自由、人權尋找中國的歷史基礎。

文中，余英時又指出，胡適承認中國歷史上沒有發展出民主的政治制度，但是他並不認為中國文化的土壤完全不適於民主、自由、人權的移植。胡適常常說民主社會是一個最

有人情味的文明社會。從人情、人性著眼，胡適大概也承認中國沒有不能接受民主的理由。

文藝復興乎？啟蒙運動乎？——一個史學家對五四運動的反思。余英時指出，五四運動在西方早期是以「中國的文藝復興」的廣為人知，胡適在宣揚「中國的文藝復興」的理念比起其他人更具重要性。

余英時認為不能輕率將文藝復興與啟蒙運動兩種概念，視為隨機援引來比附五四運動的兩種不同特徵。文藝復興是一種文化與思想的方案，反之，啟蒙運動本質上是一種經偽裝的政治方案。

我們閱讀余著《重尋胡適歷程：胡適生平與思想再認識》，讓我可以再深入認識中國近代思想史上的胡適，他的一段學術思想上的成長歷程。（2021-08-10）

余英時《中國文化與現代變遷》

余英時重要著作之一：《中國文化與現代變遷》，1992 年
11 月初版，1995 年 8 月再版。三民書局三民叢刊 52，268 面。

本書大抵收錄余英時先生在 1988-1991 年間，有關討論
文化和思想問題的文字，都是屬於通論性質的文字，也大體
都可以包括在中國文化與現代變遷的這兩個主題之內。

余英時在〈自序〉：

> 但討論中國文化有時不能不旁引西方以資參證；討
> 論現代變遷有時也不免要上溯古代以明源流。更重
> 要的是這兩個主題在本書中不是孤立的，而是密切
> 相關的。本書的主要旨趣正是要從現代變遷中窺測
> 中國文化的新動向。

我從余著的目錄與內容，本書主要可以分為三部分。第
一部分包括：論文化超越、文化評論的回顧與展望、中國知
識分子的邊緣化、美國華僑與中國文化、民主與文化重建、
我所承受的「五四」遺產、現代儒學的困境、「創新」與
「保守」、費正清與中國、中國近代個人觀的改變、自我的
失落與重建──中國現代的意義危機等 11 篇與文化議題有
關的論述。

第二部分包括：陳獨秀與激進思潮——郭著《陳獨秀與中國共產運動》序、資本主義的新啟示——黃著《資本主義與廿一世紀》序、關於「新教倫理」與儒學研究——致《九州學刊》編者、實證與詮釋——《方以智晚節考》增訂版自序、《中國思想傳統的現代詮釋》自序、「明明直照吾家路」——《陳寅恪晚年詩文釋證》新版自序、「士魂商才」——《中國近世宗教倫理與商人精神》日譯本自序等七本著作的序言。

第三部分特別論述如何〈怎樣讀中國書〉？

綜合上述第一、第二部分，我們當理解中國文化與國家從傳統走向現代的變遷。余英時曾指出，胡適的貢獻是再把中國從原有封閉的一種傳統中，帶到一個現代世界上，是對中國文化的一種現代化和學術現代化的啟蒙作用。至於他主要是從史學的觀點研究中國傳統的動態，因此不但要觀察它循著什麼具體途徑而變動，而且希望儘可能地窮盡這些變動的歷史曲折。

所以，余英時認為這是展示中國文化傳統的獨特面貌的一個最可靠的途徑，雖然他也偶而引用西方的理論和事實，藉以作為參證比較的輔助，但其目的只是為了增加說明上的方便，決非為了證實或否證任何一個流行的學說。

余英時上述的論點，其立足點永遠是中國傳統及其原始典籍內部中所呈現的脈絡，而不是在崇尚任何一種西方的理論架構。余英時認為沒有任何一種西方的理論或方法，可以

現成地套用在中國史的具體研究上面。

中國文化是否會影響國家現代化發展，在 1970 年代亞洲四小龍經濟發展的表現，和中國大陸在鄧小平實施改革開放政策之後的經濟成長，已經很清楚的驗證了文化在國家整體發展中的重要性。

余著第三部分的論述怎樣讀中國書？余英時指出，古今中外論讀書，大致都不外專精和博覽兩途。精讀的書給我們建立了做學問的基地；有了基地，我們才能擴展，這就是博覽了。博覽也須要有重點，不是漫無目的的亂翻。

胡適指出，讀書有兩個要素：第一要精，第二要博。一個人要有大學問必須精博雙修，只精不博會一葉障目，而只博不精則好似一張很大的薄紙，禁不起風吹雨打。

現代是知識爆炸的時代，古人所謂「一物不知，儒者之恥」，已不合時宜了。我們無法學習像清代大儒戴震（東原）熟背《十三經》，和如余嘉錫在《四庫提要辯證》〈序錄〉中所引董遇說「讀書百遍，而義自見」的讀書方法。

所以我們必須配合著自己專業去逐步擴大知識的範圍，和須要訓練自己的判斷力，以及現代圖書資訊學裡所強調善用電腦提供搜尋資料的功能。

閱讀了余著《中國文化與現代變遷》，如果我們臺灣社會還會瀰漫一股「去中國化」思潮，使得反智主義與盲目反中國文化的浪潮節節升高，這當不是余英時先生當年聲援支持臺灣民主運動的本意吧？（2021-08-11）

余英時《民主與兩岸動向》

余英時先生重要著作之一：《民主與兩岸動向》，1993
年 9 月初版，三民書局三民叢刊 64，247 面。

本書選收了余先生於 1987 至 1991 的時論文字 33 篇，
主要立論的範圍以民主發展與海峽兩岸的動向。可分為三個
部分：第一部分共 13 篇，都是討論臺灣民主發展的問題
的。第二部分是討論大陸民主運動的 10 篇。第三部分以討
論兩岸關係為主的 10 篇，此中關鍵則是中共政權的本質問
題。

余英時討論臺灣民主發展指出，1987 年國民政府正式
解除戒嚴令和 1988 年蔣經國逝世為這十幾篇文字的撰寫提
供了契機。他在這篇〈開放、民主與共識──蔣經國先生逝
世一周年的回顧與前瞻〉指出，其實從蔣經國過渡到李登輝
是具有多重意義的歷史變遷：

第一是從革命時代過渡到民主建國時代；第二是從「強
人政治」過渡到「群龍無首」的政治；第三是從大陸本位的
領導過渡到本土化的領導。

余英時特別解說這「本土化」並不只狹隘的「省籍」觀
念，而是國民黨的接班大體上已使黨和政的領導階層，他們
都是在臺灣成長起來的，但這又不等於說他們也都是變相的
「臺獨派」。余英時相信他們仍然具有深厚的中國意識，而

這一中國意識主要是文化的而非政治的。

余英時曾在一次接受的訪問中更深入地明確指出，民主化與本土化之間本來就有著一定的關連，臺灣經過近二十年的民主發展，整個社會逐漸走向本土化是必然的趨勢。但是本土化並不等於臺獨，也不是哪個政黨的專利。不能說你民進黨最早喊出本土化，所以就只有你一個黨是代表本土的，其他政黨都不是。只要是透過民主的程序、經由人民選票產生的政權，都是本土化，都代表本土。

所以，余英時在這篇〈民主乎？獨立乎〉中指出，「臺灣獨立」如果在今天還有積極的意義，那就只能是獨立於中共殘暴的政權。臺灣在國際上的困境是中共所造成的，而中共對於中華民國這一既成事實是無可奈何的，對於「臺灣共和國」則是絕對不能容忍的。

余英時以為臺獨「去中國化」是不可能的，臺灣可以講獨立。如果臺灣獨立不是根據狹隘的地方觀念，也不是投降任何外國勢力，那也沒有什麼不好。臺灣民主制度已在形成中，一般人民的獨立自主意識很強烈，就算中共用武力征服臺灣，也會受到臺灣人民無止境的反抗。

顯然余英時對於中共對待臺灣的政治手段，是懷有很高的戒心的。我們可以清楚理解他的不接受違反民主的民族主義，中國大陸的新民族主義在性質上與舊民族主義根本不同，它已從自衛轉變為攻擊。因為民族主義是可以被建構出來的。

　　余英時在其〈序〉中指出，本書有關兩岸關係的文字中，反覆強調的其實只有一點：兩岸的文化和經濟的溝通不妨以審慎的方式逐步加強，但政治談判則目前決非其時。「統一」和「獨立」對臺灣而言都是政治自殺。大陸和臺灣不能永遠分離，這是毫無可疑的，但正常的關係必須在大陸也開始民主化以後才能建立。

　　余英時特別舉朱熹論宋、金關係時曾說：「今朝廷之議，不是戰，便是和。不知古人不戰不和之間，也有個且硬相守底道理。」今天臺灣對於大陸，在不「統」不「獨」之間，「也且有個硬相守底道理」。

　　所謂「硬相守」，即臺灣必須建立起最低限度的內部共識，走向一種「少數服從多數，但多數尊重少數」的民主道路。相反的，如果臺灣內部不斷地進行原子分裂的活動，則其前景是未可樂觀的。

　　我曾在 2020 年 1 月拙作《臺灣政治經濟思想史論叢（卷四）：民族主義與兩岸篇》的一篇〈余英時自由主義思想與兩岸關係評論〉中，提出如下建議：不管民進黨或國民黨執政，中華民國非常歡迎余英時在他今（2019）年的 90 歲年紀，能夠追隨他的老師錢穆，和胡適、林語堂、張大千等人士的返臺定居。余英時不但可以享譽他身為中央研究院院士的崇高地位，而且他們賢伉儷亦可享受臺灣自由民主社會的晚年生活。如今隨著余院士的乘黃鶴去，這建議案亦隨著遠去了。（2021-08-12）

余英時《猶記風吹水上鱗：錢穆與現代中國學術》

余英時重要著作之一：《猶記風吹水上鱗：錢穆與現代中國學術》，1991 年 10 月初版、1995 年 3 月再版，三民書局三民叢刊 33，266 面。

本書收錄 11 篇文字，主要是余英時為紀念其師錢穆（賓四）先生逝世週年而作。其中 5 篇的內容是屬於論述性文字，其餘的 6 篇是屬於比較偏重在評論作品性質文章。

〈猶記風吹水上鱗——敬悼錢賓四師〉一文，其最前面余英時有詩：

> 海濱回首隔前塵，猶記風吹水上鱗。避地難求三戶楚，占天曾說十年秦。河間格義心如故，伏壁藏經世已新。愧負當時傳法意，唯余短髮報長春。

這詩的除了道盡他們師生關係之外，余英時亦在文中述及錢先生走出了自己的獨特「以通馭專」的道路。以及錢穆儒學素養是經過人文教養浸潤以後的那種自然，是中國傳統語言的所謂「道尊」，或現代西方人所說的「人格尊嚴」。

余英時特別記述他在得到錢先生逝世消息的前幾個小時，正在撰寫《國史大綱》所體現的民族史的意識，由於錢

先生在余英時早期生命中發生了塑造的力量，這種力量在錢先生臨終前又從余英時的潛意識中湧現出來，讓他對老師的逝去更感到倍加的哀痛。

〈一生為故國招魂——敬悼錢賓四師〉一文，其最前面余英時亦有詩：

> 一生為故國招魂，當時搗麝成塵，未學齋中香不散。萬里曾家山入夢，此日騎鯨渡海，素書樓外月初寒。

余英時為老師感嘆其一生為中國招魂雖然沒有得到預期效果，但是無論是世界的思潮或中國的知識氣候都和「五四」時代大不相同了。錢先生所追求的從來不是中國舊魂原封不動地還陽，而是舊魂引生新魂。

〈錢穆與新儒家〉一文近四萬言，說明錢先生的治學精神。余英時指出：錢先生既已抉發中國歷史和文化的主要精神，及其現代意義為治學的宗主，最後必然要歸宿到儒家思想。

錢先生對宋明理學是十分推崇的，但他不能接受理學家的道統觀，其與當代新儒家熊十力、唐君毅、牟宗三、徐復觀等人，在儒家思想上是有所不同的見解。

〈中國文化的海外媒介〉一文，是余英時原為悼念楊蓮生師而作。以歷史淵源而論，楊蓮生雖與胡適的關係深厚，

但他超越門戶之見的在學術上與錢穆交往。余英時係承繼錢穆的史學的取徑，修正史料學派與史觀學派的論點指出，其研究取徑可以說是承續了楊師訓詁治史的途徑。

〈中國近代思想史上的激進與保守〉一篇長文，余英時雖未正面述及錢先生，但他在這次香港中文大學二十五周年紀念講座第四講（一九八八年九月）的演講中，為他的學術思想做了一種時代背景與變遷的脈絡梳理。

其餘 6 篇：《十批判書》與《先秦諸子繫年》互校記（附〈跋語〉）、《周禮》考證和《周禮》的現代啟示——金春峰《周官之成書及其反映的文化與時代新考》序、《錢穆先生八十歲紀念論文集》弁言、壽錢賓四師九十，還有附錄：錢賓四先生論學書簡（附原文）等，在內容上是屬於著作評論、考證和書信方面的文字。

藉此，我特別要提到拙作《臺灣政治經濟思想史論叢（卷六）：人文主義與文化篇》，其中有〈余英時人文主義的通識治學之探討〉與〈徐復觀激進的儒家思想與本土化思維〉的兩篇論文，在內容上我分別論述了錢穆、余英時，與徐復觀，他們在儒家思想上的淵源，和他們所持的不同觀點與發展。（2021-08-13）

余英時《歷史與思想》

余英時先生重要著作之一：《歷史與思想》，1976 年初版、2014 年 5 月二版、2015 年 9 月二版三刷，聯經出版公司，478 面。

四十年來《歷史與思想》的不斷重印，是余英時著作中流傳最廣而且持續最久的一部，在他個人的學術生命中具有極不尋常的意義。余英時在〈新版序〉說，對於他自己來說，有兩點特別值得紀念之處。

第一是這部選集將余英時的治學取向相當準確地呈現了出來。例如中國文、史、哲之間的相互關聯以及中、西文化與思想之間異同的比較，正是全書的重點所在。

第二是余英時中年以後改用中文為他個人學術著作的主要媒介，本書是最早的一個見證。1973 至 1975 兩年，他回到香港工作，這本書百分之七十以上都是他在香港兩年，為了轉換書寫媒介而特意撰寫的。

《歷史與思想》共收錄 17 篇文章，依其論題的內容可分為三大類。

第一大類，是與中國政治傳統儒學有關的論述，包括：1.反智論與中國政治傳統——論儒、道、法三家政治思想的分野與匯流，2.「君尊臣卑」下的君權與相權——〈反智論與中國政治傳統〉餘論，3.唐、宋、明三帝老子注中之治術

發微，4.從宋明儒學的發展論清代思想史——宋明儒學中智識主義的傳統，5.清代思想史的一個新解釋，6.略論清代儒學的新動向——《論戴震與章學誠》自序，7.章實齋與柯靈烏的歷史思想——中西歷史哲學的一點比較等 7 篇。

　　第二大類，是與人文主義現代工業文明精神有關的論述，包括：1.一個人文主義的歷史觀——介紹柯靈烏的歷史哲學，2.史學、史家與時代，3.關於中國歷史特質的一些看法，4.西方古典時代之人文思想，5.文藝復興與人文思潮，6.工業文明之精神基礎等 6 篇。

　　第三大類，是與紅樓夢世界檢討紅學有關的論述，包括：1.近代紅學的發展與紅學革命——一個學術史的分析，2.紅樓夢的兩個世界，3.關於紅樓夢的作者和思想問題，4.陳寅恪先生論再生緣書後等 4 篇。

　　余英時在〈自序〉特別說明，為了照顧到一般讀者的興趣，選在這部集子裡面的文字大體上都屬於通論的性質，凡屬專門性、考證性的東西都沒有收進去。所以這部選集的對象並不是專治歷史與思想的學者，而是關心歷史和思想問題的一般知識分子。

　　在現代社會中，一個知識分子必須靠他的知識技能而生活，因此他同時必須是一個知識從業員。相反地，一個知識從業員卻不必然是一個知識分子，如果他的興趣始終不出乎職業範圍以外的話。一個知識分子必須具有超越一己利害得失的精神；他在自己所學所思的專門基礎上發展出一種對國

家、社會、文化的時代關切感。

最後，余英時在〈紅樓夢的兩個世界〉總結地說：
「《紅樓夢》這部小說主要是描寫一個理想世界的興起、發
展及其最後的幻滅。但這個理想世界自始就和現實世界是分
不開的：大觀園的乾淨本來就建築在會芳園的骯髒基礎之
上。並且在大觀園的整個發展和破敗的過程之中，它也無時
不在承受著園中的一切骯髒力量的衝擊。乾淨既從骯髒而
來，最後又無可奈何地要回到骯髒去。在我看來，這是《紅
樓夢》的悲劇的中心意義，也是曹雪芹所見到的人間世的最
大的悲劇！」

悲劇小說總容易扣人心弦，讓人引發刻骨銘心的共鳴。
如果小說是宗教，那愛情是信仰。這也是《紅樓夢》之所以
吸引讀者百讀不厭的主要原因。

《紅樓夢》中〈紅豆詞〉，是賈寶玉唱的，這首詞用了
十個「不」，再來形容不同的意象，真乃神來之筆。

滴不盡相思血淚拋紅豆／開不完春柳春花滿畫樓／睡不
穩紗窗風雨黃昏後／忘不了新愁與舊愁／嚥不下玉粒金波噎
滿喉／瞧不盡鏡裡花容瘦／展不開的眉頭／挨不明的更漏／
恰便似遮不住的青山隱隱／流不斷的綠水悠悠。

〈紅豆詞〉在 1960 年代我們念初中的時期，曾被列入
音樂教材，如今又將有多少人能夠深入領略和感受《紅樓
夢》裡的文字優美呢？（2021-08-16）

余英時《中國近世宗教倫理與
商人精神》

　　余英時重要著作之一：《中國近世宗教倫理與商人精神》（增訂版），1987 年元月初版，2007 年 4 月二版二刷，聯經出版，248 面。

　　本書特別的地方，就是全書主文除了分為上、中、下三篇的文字之外，另外余英時老師楊聯陞為其寫前序〈原商賈－余著《中國近世宗教倫理與商人精神》序〉，與劉廣京寫〈後序：近世制度與商人〉，余英時自己寫的〈自序〉和〈序論〉。

　　上述文字有助於讀者對全書脈絡的理解。余英時在〈自序〉中指出，本書所研究的是明清商人的主觀世界，包括他們的階級自覺和價值意識，特別是儒家的倫理和教養對他們商業活動的影響。這是現代中日社會經濟史學家所比較忽略的問題。

　　本書上篇：〈中國宗教的入世轉向〉，分新禪宗與新道教等兩部分，加以論述中唐以來的新禪宗和宋以後的新道教。

　　本書中篇：〈儒家倫理的新發展〉，分新儒家的興起與禪宗的影響、「天理世界」的建立——新儒家的「彼世」、「敬貫動靜」——入世作事的精神修養、「以天下為己

任」——新儒家的入世苦行、朱陸異同——新儒家分化的社
會意義等五部分，加以論述新儒家和新禪宗的關係，以及從
程、朱到陸、王的發展。

本書下篇：〈中國商人的精神〉，分明清儒家的「治
生」論、新四民論——士商關係的變化、商人與儒學、商人
的倫理、「賈道」、結語等六部分，加以論述商人和傳統宗
教倫理，特別是新儒家的關係。

本書附錄：〈韋伯觀點與「儒家倫理」序說〉，是從士
商互動與儒學轉向，來加以敘述明清社會史與思想史之一面
相。

中國經濟社會史溯自 15 世紀以來，「棄儒就賈」已是
普遍出現的現象。換言之，明清時期的中國也可以說是「士
魂商才」的時代。不過中國的「士」不是日本的「武士」，
而是中國所謂士大夫的「儒士」，也就是現代所稱的「知識
分子」。

余英時認為有清一代的考證運動，在儒學史上發揮了一
個十分重大的功能，就是將「道問學」的強調知識或學問的
價值，不再只是宋明理學強調「道問學」是為「尊德性」服
務的論調。

余英時除了避言新儒家以中國文化可以開出民主論的說
法之外，他雖然與新儒家同樣都關心「傳統與現代化」的議
題，特別是其所涉及中國文化在西方衝擊之下的轉型，然余
英時是從史學關注具體歷史的「即事以言理」，把儒家歷史

學當作儒家人文主義的基礎，在這方面他是比較接近於徐復
觀的激進儒家思維。

余英時對於西方現代資本主義社會所呈現的歷史現象，
諸如現代企業與社會關係的形成、組織與發展，對於私利的
定義與價值的肯定，以及經濟利益的倫理與道德之間的分
際，特別是資本主義市場經濟發展的社會功能，在本書裡都
有深入的論述。

他也特別針對中國社會自宋代以來，宗教思想的入世轉
向發展及其與中國商人精神之間關聯性提出了見解。楊聯陞
在其〈序〉中指出：

> 近二三十年來，明清社會經濟史，已有不少收穫，
> 研究仍在逐步深入中。 所謂「資本主義萌芽」，曾
> 引起不少討論，現在塵埃似已大致落定，亟待新的
> 構想指引。英時此書，貢獻正得其時。

余英時認為儒家思想是不可能當作意識形態的，不可能
用它來規劃公共領域。對於資本主義的只有「手段合理」，
而社會主義只有的「目的合理」，兩種合理都達到自我矛盾
（paradox），如果由此推論到儒家倫理和東亞四小龍經濟
發展的關係，他認為後者仍然是一個懸而未決的問題。

當今「儒學資本主義」的概念是否可以形成？值得深入
探討。譬如在中國的明末清初，從 16 到 19 世紀商業特別發

達，商人的地位也提高，那為什麼有這種現象？這種現象和儒家倫理及思想有沒有關係？有的話，是什麼關係？沒有的話，中國商人的精神淵源又是從哪裡來的？

所以，1976 年 8 月余英時在臺北時，也特別呼籲學者從比較思想史的立場，留意東亞國家日、韓、越等儒學的發展。我在 2017 年出版拙作《臺灣政治經濟思想史論叢（卷一）：資本主義與市場篇》，其中就特別針對西方資本主義市場經濟與臺灣各歷史階段的關係與發展，進行了比較深入的探討。（2021-08-18）

余英時《余英時回憶錄》

余英時的重要著作之一：《余英時回憶錄》，2018 年
11 月初版，2019 年 1 月二版十五刷。允晨出版社，231
面。本書分五章。

第一章與第二章余英時寫他幼青年時期（1930-1945）
住在老家安徽潛山的鄉村生活，認識共產主義的過程，和抗
日戰爭的背景。

第三章寫余英時 1946 年至 1949 年期間的入讀東北中正
大學與燕京大學的求學，和曾加入「新民主主義青年團」
（共青團前身）的經過。

第四章余英時寫他轉學香港新亞書院，從 1950 年起跟
隨錢穆老師作學問，期間並接觸香港流行的反共刊物，和擔
任編輯與發表文章。

第五章寫初訪美國哈佛大學、向楊聯陞先生問學，和
1962 年通過博士論文審查，以及論及中國人文學者在哈佛
的歷史發展。

余英時在〈序——從「訪談錄」到「回憶錄」〉特別談
到他接受訪談的經過，和敘述將訪談的重點，如何從他個人
的生活和思想，轉換為七、八十年來他個人所經歷的世變。

余英時還提到，回憶錄因個人的處境互異而各有不同，
這是不可避免的。他一生都在研究和教學中渡過，因此回憶

也只能騁馳在學術、思想和文化的領域之內，其所經歷的世變也是通過這一特殊領域得來的。

余英時希望他的回憶對於這一段歷史流變的認識稍有所助。同時他也相信，一定會有和他同代的其他學人，以不同方式留下他們的回憶。這樣的回憶越多越好，可以互證所同、互校所異。他相信一個時代的回憶之作越多，後人便越能掌握它的歷史動向。在這也是他出版這部《回憶錄》的另一動機：拋磚引玉，激起更多學人追憶往事的興趣。

余英時在〈序〉中接著又說：

> 如果允許我再有一個奢望，我想說：我在《回憶錄》中所記述的個人學思歷程，無論得失如何，也許可以獻給新一代求學的朋友們，作為一種參考。

讀到余英時〈序〉中的文字，其顯示謙虛又對後進學子的殷殷寄望，真令人對他一生在學術專業上的傑出成就，和他秉持人文主義涵養的為人處事態度，讓人感到由衷的最高崇敬。因而，在華人世界中他被譽為是繼胡適之後聲望最隆的一位自由主義者。

我回溯自己 1978 年在臺北溫州街定居之後，因為早期受到胡適思想與治學的影響，也就開始養成剪報與閱讀的習慣。如果要以現在我所剪報張數的多寡，和保存的意義來論的話，在我所蒐集的剪報要屬余英時發表在報紙上的論述文

章最多，也給我帶來諸多的啟示與反思了。

余英時這本回憶錄自 2018 年 11 月出版以來的不到 3 個月時間，就已經創下二版十五刷的紀錄，當可以比之於1954 年 4 月胡適出版《四十自述》的受歡迎程度了。我在拙作《臺灣政治經濟思想史論叢（卷三）：自由主義與民主篇》一書亦有所著墨。

《余英時回憶錄》令人比較遺憾的是，其記述的時間和內容只有到 1962 年他通過哈佛大學博士學位的那一階段為止。根據他在序言中與允晨出版社廖志峰發行人的對話，亦曾談及下冊的撰述等等。如今，隨著余英時的逝世，我們希望未來能見到他親筆撰寫下冊出版來嘉惠學子，已永遠沒有那份福氣了。（2021-08-19）

林載爵主編《如沐春風：余英時教授的為學與處世》

　　這本書全名《如沐春風：余英時教授的為學與處世——余英時教授九秩壽慶文集》，著者有：王汎森、田浩、丘慧芬、何俊、河田悌一、林富士、周質平、陳玨、陳弱水、彭國翔、葛兆光、鄭培凱、冀小斌、謝政諭、羅志田、陶德民等 16 人，林載爵主編，2019 年 1 月初版、2 月二刷，聯經出版，精裝本（含圖片）448 面。

　　主編林載爵在該書的出版說明，2019 年適逢余先生九十華誕，我們也就藉著這個機會再度出版這本論文集，以祝賀余先生九十壽慶。因此，由其門生故舊各自描述與余先生的互動記憶，內容聚焦余先生的教學與治學為主，兼及處世、做人的態度。

　　這十六位作者包括：

　　1.王汎森〈偶思往事立殘陽……當時只道是尋常——向余英時老師問學的日子〉，作者敘述其在普林斯頓大學師從余英時的治學經過。

　　2.田浩著；陳曦、徐波譯〈余英時老師與我的宋代思想史研究——兼論宋代思想史研究的若干新思考〉，作者敘述其研究中國歷史的專論，余英時對他研究宋代思想史的影響。

3.丘慧芬〈承負、詮釋與光大中國知識人傳統的余英時〉，作者除了論述余先生對於中國文明的「內核」是「道」，只有通過理解外部歷史的變遷才能獲得彰顯，傳統政治中充滿張力的君臣關係是「道統」的對抗「正統」等等，有關中國知識人傳統的論述之外，作者還特別敘述當年她博士論文的撰寫經過。

4.何俊〈溫潤而見筋骨〉，作者回憶其家人與余家的互往過去，亦談及作者讀余英時的書，感受到余先生好多處都要講家鄉安徽潛山官莊的生活對他的影響，看似只是講治學上的影響，幫助他對傳統中國的親切理解，其實也是在講對他的生命的影響。

5.河田悌一〈回顧在耶魯和普林斯頓師從余老師的日子〉，作者是日本關西大學前校長，敘述其在耶魯大學和普林斯頓大學進修期間的接受余先生指導，以及 1994 年作者接待余先生夫婦為期一個月的日本之行，並附錄了余先生〈我走過的路〉與〈中日文化交涉史的初步觀察〉的兩篇講演文章。

6.林富士〈普林斯頓的陽光──敬賀余英時老師九十大壽〉，作者敘述他在普林斯頓大學攻讀博士學位和巫覡研究的經過，文內提到胡適如何樹立中國近代思想史上的「新典範」，並引領新一波的思想、文化革命，這才是胡適不斷引發注目與議論的緣由。

7.周質平〈自由主義的薪傳──從胡適到余英時〉，作

者特別指出胡適與余英時都是「學院菁英」而兼為「公共知識分子」，他們都有各自學術上的專業研究，但也有「忍不住的」社會關懷。

8.陳玨〈余英時先生的「歷史世界」——《余英時回憶錄》讀後〉，作者認為余英時這部回憶錄，是一部顛覆了通常回憶錄約定成俗寫法的回憶錄。

9.陳弱水〈有關余英時老師的回憶〉，作者寫他在臺大歷史系閱讀余英時著作，和他在耶魯大學師從余英時，以及敘述老師常說對政治只有「遙遠的興趣」，和不為民族主義所輕惑。

10.彭國翔〈攬才禮士憑身教，浮海招魂以人文——余英時先生九十壽慶志感〉，作者寫大學時閱讀余英時《士與中國文化》開始，經過二十多年來的互動，令作者感受余先生和師母對他的信任、關愛和支持，以及余先生的「中國情懷」和「淑世平生志」。

11.葛兆光〈幾回林下話滄桑——我們認識的余英時先生〉，作者寫 2007 年在日本大阪關西大學初見余先生，2009 年又在普林斯頓大學見面，文中頗多論及他對於楊聯陞與余先生之間的師生關係。

12.鄭培凱〈英時我師九秩嵩壽別序〉，作者寫老師對其左翼思想的容忍，是否希望他在辯論中看清自己思想的我執，才會不厭其煩跟他探討人道主義理想可以有不同的取向，而社會實踐的具體歷史展現，才是歷史家不能或忘的根

本。

13.冀小斌〈有教無類的老師〉，作者寫余先生的一直是「不立門戶」，其意涵就是讓大家按自己的性情、志向走自己的路。

14.謝政諭〈余英時先生論學的築基功夫、方法與視野芻議〉，作者以方法論探討余先生的論學，論學二種築基功夫的養成，論學的八種方法與二種視野的特點。

15.羅志田〈追隨余師英時讀書的日子〉，作者敘述當年與林富士同年進普林斯頓大學，作者對老師的印象，老師對研究對象和研究者自身的主體性都非常重視。不論研究什麼，一定要明確自己真正想要做的是什麼。

16.陶德民〈余師的新世紀扶桑演講之旅 —— 甲申丁亥兩度金秋的圖像記憶〉，作者現任日本關西大學教授，該文以附錄照片敘述余先生的 2004 年與 2007 年的兩次日本之行，和參加多場次的研討會。

檢視上述這十六名作者當今都已是著名的學人，其等對老師的九秩壽慶文字記述，正如書名《如沐春風：余英時教授的為學與處世 —— 余英時教授九秩壽慶文集》。

我認為現在閱讀這本書的最大效用，正是可以作為目前因《余英時回憶錄》，其內容只記述到余英時的完成博士學位階段，至於其教學和退休之後的部分，在下冊未能生前出版的遺憾下，本書當可補其缺憾之處。（2021-08-20）

李懷宇《余英時談話錄》

2021 年 11 月，允晨文化公司出版了余英時口述、李懷宇整理的《余英時談話錄》。本書是繼 2018 年 11 月允晨文化出版《余英時回憶錄》，和 2021 年 10 月 INK 印刻文學為周言出版《余英時傳》之後的一本，與余英時生平傳記特別有關的專書。我筆記了下列幾項重點：

1.本書誠如余英時的學生黃進興在該書的〈序〉中指出：

> 這本《余英時談話錄》披沙揀金，把余老師對近代學術人物的觀察、個人的學思及時代的見證，三方面有系統地整理出來。本書容可視為余老師親筆所撰《余英時回憶錄》的續編，故價值甚高！於私而言，本書絕對是了解余老師不可或缺的重要文獻，對於未來研究余老師提供了極豐富的第一手資料；於公而言，由於余老師本身是半世紀以來，中文學界的樞紐人物，各方交涉或互動極為豐富，本書遂成為現代中國學術思想史的縮影。

2.余英時的胡適「充分世界化」觀。胡適與第二代新儒家的熊十力三位海外弟子牟宗三、唐君毅、徐復觀基本上沒

有什麼直接交鋒。這是胡適自 1958 年回臺定居以後很少發表批評中國文化的言論，只有在臺中農學院和英文"Social Changes Necessary for the Growth of Science"兩次演講中重提「纏足」的老話，但與二十世紀二〇、三〇年代文章的刺激性已不能相提並論。何況這兩次演講並不是針對新儒家而發。

至於新儒家對胡適的攻擊，也只有徐復觀一人屢屢行之文字，唐君毅、牟宗三則只有私下議論。與第二代新儒家對壘的不是胡適本人，而是「接著胡適講」的一群「文化激進派」，最初以殷海光為主將，以《自由中國》雜誌為基地，後來又由《文星雜誌》的一群更年輕的作者繼承下來〔按：指的是李敖等〕。這些人只是「接著」而不是「照著」胡適講的，他們痛詆中國文化、提倡「全盤西化」，在當時很有影響，但不應由胡適負責。

徐復觀痛罵胡適並不是單獨上陣，與他並肩作戰的人多得很。事實上，如果以文化保守主義與文化激進主義為劃界，則前者才是二十世紀五、六〇年的主流，具有深厚的政治與社會基礎，後者則處於邊緣地位，成為被打壓的對象。1960 年代起，《自由中國》被封閉，雷震入獄，殷海光被臺大解職，受監視與軟禁，其他遭株連而死或囚者不可勝數。胡適在中央研究院內連一個「文化激進」的同志也沒有。

我算來算去，胡適在臺灣學術界的追隨著僅剩下毛子水

一人。毛子水在 1950 年代初曾與徐復觀一度發生過「義
理」與「考證」的爭論，但很快便為人所遺忘。毛子水極少
寫文章，也不是「激進派」，更無權勢可言，他沒有任何
「打壓」新儒家的力量。《自由中國》潰滅以後，新儒家安
然無恙，《民主評論》也照常出版。從比較廣闊的政治、社
會背景上看，究竟誰是「主流」，誰是「邊緣」，恐怕也是
一個仍待爭論的問題。

　　胡適與「全盤西化」，我認為有必要澄清「全盤西化」
的問題。胡適雖然一度附和陳序經的「全盤西化」的口號，
但是三個月之內便發現這是一個誤導的名詞，所以特意寫了
〈充分世界化與全盤西化〉一文，正式拋棄了這一口號，而
代之以「充分世界化」。他說「充分」不過是「儘量」或
「用全力」的意思。他的「世界化」當然主要是指科學與民
主而言。

　　但是這二者雖是西方發展出來的，在中國卻已為文化保
守主義者接受，胡適更明白承認：「況且西洋文化確有不少
的歷史因襲的成分，我們不但理智上不願採取，事實上也決
不會全盤採取。」把胡適早已鄭重宣布拋棄的「全盤西化」
四個字繼續扣在他頭上，痛加咒罵，這是批胡的人的一貫策
略，他們根本對他的公開修正視若無睹。

　　余英時與新儒家思想的爭論，除了學術思想上的因素之
外，其中還糾葛胡適自由主義與國民黨蔣介石政權，錢穆當
年進北大教書的受遇於胡適，還有錢穆創辦新亞書院與時任

臺灣省教育廳長陳雪屏（余英時岳父）的居間協助。在「兩蔣時代」的 1968 年、1974 年，錢穆、余英時師生分別當選中央研究院院士等等錯綜複雜因素，亦是研究余英時與新儒家思想關注的焦點。

3.余英時提倡「知識人」的重視「人的尊嚴」。余英時的史學雖延續近代中國新漢學的「乾嘉考證」之風，但有其超越新漢學「實證」科學之處。余一方面受胡適五四啟蒙運動的影響，關心民主、科學的課題，同時在他史學的風格上，呈現了錢穆與陳寅恪將史學與時代結合的論題選擇，余英時可謂現代型的公共知識分子。

《余英時談話錄》指出：

> 「知識人」這個名詞是我現在提倡的。……2002 年正式提出來的。以後我就盡可能用知識人，而不用知識分子。……從前「知識分子」是一個中性的名詞，後來就變質了。我是受陳原的影響，日本人也用知識人，講政治人、經濟人、文化人都可以，為什麼不能用知識人呢？我的意思是人的地位要受到尊重。因為語言是影響很大的東西，語言一定限制你的思想，用暴力語言，就是鼓動暴力。余英時的「知識人」是強調對「人的尊嚴」的取代「知識分子」一詞。

　　周言在《余英時傳》指出：「做一個有尊嚴的知識人」。

　　1980 年代余英時頻繁就兩岸問題發聲，尤其是「六四事件」，1990 年代余英時有「待從頭，收拾舊山河」之感嘆，並開始不定期接受《自由亞洲電臺》採訪，固定就「公共事務」議題發聲，成為了解余英時晚年政治立場，政治思想的一個視窗。

　　美國從 1970 年代起，將原本以政府作為主體的公共行政（public administration）教育，參考企業管理（business administration）的議題導向與跨域整合，形成了公共事務（public affairs）領域。從為因應社會經濟發展與變遷的觀點，凸顯當前「公共事務」的重視「社會主義式」議題，似可比之於「企業管理」的「資本主義式」實際運作模式。

　　4.余英時主張「傳統與現代化」的取徑模式。余英時指出：我認為中國的傳統價值裡面也有「普世價值」，例如自由、寬容、民主、科學、人權。我常常說，中國沒有人權這兩個字，但是有人權的想法。而且有些中國已經有的東西與西方一配合，就從原來的傳統進入現代化了。現代化就是把已經有的價值用現代的語言與方式跟其他文化中的東西聯合起來，講成同樣的東西，不覺得生硬和冒昧。

　　我們可以說余英時的學術思想是結合錢穆對中國文化執著，與胡適對西方實證科學優點的融合而成的一家之言。余英時秉性謙沖為懷的並不希望像新儒家在思想文化傳承，有

所謂第一代、第二代、第三代的派別。

余英時有如業師錢穆的不立門戶，可是從現在余英時思想受到學界有如「胡適學」的崇敬，對於當前華人世界的影響已蔚成一股「余英時學」熱潮，余英時的為學與處世總會讓人有一股「如沐春風」的感受，其影響力的深遠是擋不住的。

5.余英時認為中華文化轉機在日常實踐。余英時指出：在香港中文大學兩年，使我對歷史的看法不是那麼天真。我覺得理論沒有那麼重要了。研究歷史不是光靠理論，要知道人的複雜性。光是在書房裡念書，永遠看不到人性的深處。

余英時在中文大學改制風波，給他帶來很深的感觸，認為「光是在書房裡念書，永遠看不到人性的深處」。所以他對於新儒家太講形上學，卻忽略了日常實踐，是不能為中華文化帶來轉機，也不能解決中國的政治問題，對現實也無能為力。用現在的話：狹義的新儒家提倡的道統是很抽象，而且是不接地氣的。

6.余英時對於政治「遙遠的興趣」。關於余英時與第三勢力關係，或余英時與自由派知識人關係的研究，可以從余英時父親余協中、岳父陳雪屏等家族人與國民黨蔣介石之間的互動；或如余英時與胡適、王世杰等自由主義者之間的關係。

黃克武在《胡適的頓挫：自由與威權衝撞下的政治抉擇》書中，引 1959 年 3 月 4-5 日的《蔣介石日記》謂：包

　　圍陳誠的「小宵政客」之一是陳雪屏，蔣對陳雪屏最不滿的
地方即是他勾結胡適，「陳雪屏為反動分子包庇，並藉胡適
來脅制本黨，此人積惡已深，其卑劣言行再不可恕諒」、
「昨晡以陳雪屏卑劣行動直等於漢奸不能忍受，再三自制幸
未暴怒氣也」。

　　之後，陳雪屏在 1959 月 5 月 19 日，國民黨八屆二中全
會選舉中常委時就落選了。這是一段蔣介石對陳雪屏與陳
誠、胡適走得太近的記載。蔣氏父子認為陳誠在拉攏北大知
識分子而結黨結派。陳雪屏曾書「正須謀獨往，何暇計群
飛」一幅墨寶，影射當年陳誠與蔣經國兩方陣營，在政治上
的不甚投契。後來陳雪屏雖然淡出中華民國政治圈，但
1990 年在李登輝總統任內仍受聘總統府資政。最後，在臺
灣終老，葬在臺灣。

　　周言《余英時傳》中特別提到：

　　　余先生當時還談到了他家庭的一些情況，……當然
　　還有一些敏感話題我沒有談，心想以後如果余先生
　　提到可以順便問一下，比如說臺灣島內對他曾和蔣
　　經國之間的關係曾有過非議，諸如此類，但是礙於
　　情面，我終究沒有問過這些問題，我想這些問題談
　　起來既深且長，三言兩語無法概括，這其中的關
　　係，並不是余先生那一本《民主與兩岸動向》的書
　　可以簡單解釋的。

余英時過世後，周言出版了《余英時傳》一書，其中第二十五章〈時代的風陵渡口〉，特別提到「從六四事件到中國學社／中國學社的臺前幕後／中國學社的內部紛爭」，是針對余英時於「六四事件」之後，有關在普林斯頓大學成立「中國學社」、「當代中國研究中心」，及後來與馬樹禮主持下「臺灣三民主義大同盟」之間的關係與運作情形如何？做進一步分析。

7.余英時「中國情懷」與「臺灣本土化」思維。余英時指出：東晉的元帝是創始的皇帝，當時的口號就是「王與馬，共天下」，非靠王家不可，要不然站不住的。因為皇帝是從北方來的，像大陸人跑到臺灣，沒有本地人靠不住，所以必須本土化。本土化的過程中，南方的士族很重要。

這本土化議題，從政權本土化的本質，延伸「蔣經國在臺灣的本土化政策」，和提倡自由民主的不廢儒家文化，延伸「新儒家徐復觀激進文化的本土化論述」，正如羅爾斯（John Rawls）在《政治自由主義》中指出，在民主與自由的時代，仍需要有一個背景文化。

余英時認為：現代儒學必須放棄全面安排人生秩序的想法，然後儒學才真能開始它的現代使命，而明清儒學所開啟的「日用常行化」或「人倫日用化」觀點。依此，如果從「文化即日常生活實踐」的文化資源創新轉化，當前臺灣產業界流行的文化創意產業，中華文化和儒家文化其在中華民臺灣發展的未來性如何？余英時有「當代胡適」之譽，胡適

237

與余英時的文化資產可有與「文化創意產業」的可能性？這
是一個值得研究的議題。

8.感想。中央研究院院士，也曾是在普林斯頓大學余英
時學生的王汎森教授，曾引龔自珍的一首詩，說和余英時先
生交往是「萬人叢中一握手，使我衣袖三年香」。我就借用
這句話，作為閱讀《余英時談話錄》的心得與感想。
（2022-08-17）

顏擇雅《余英時評政治現實》

　　2021 年 8 月，余英時先生的過世，我曾寫了系列有關
於他的論著介紹，〈敬悼一位通識教育導師的逝去〉之外，
依序介紹的是〈人文與民主〉、〈重尋胡適歷程〉、〈中國
文化與現代變遷〉、〈民主與兩岸動向〉、〈猶記風吹水上
鱗〉、〈歷史與思想〉、〈中國近世宗教倫理與商人精
神〉、〈余英時回憶錄〉、〈如沐春風：余英時教授的為學
與處世〉、〈胡適口述自傳與胡適雜憶〉、〈陳雪屏、余英
時與胡適的著作記述〉、〈閱讀《余英時談話錄》筆記〉等
12 篇。

　　現在我想繼續介紹的這本書是顏擇雅編，《余英時評政
治現實》，2022 年 5 月，INK 印刻文學生活雜誌所出版的
作品。編者在其〈編輯的話〉指出：

> 選文時，首要條件是從未收入他已出版的文集。版
> 權只是考量之一，更大原因是篇幅寶貴，想空出來
> 空間給散落在舊報紙、舊雜誌，如今在圖書館甚至
> 網路都不好找的那些文章。……獨立出書還有一個
> 好處，就是可以給中國海內外與香港的民主派鼓舞
> 士氣。在我眼中，余英時是「無入而不自得」，很
> 能自處的人。……但編書時最困擾的……說是只收

政論，但是余英時的政治看法與史學思想是一體兩
面，很難一刀切。

該書除了〈代序：家天下、族天下、黨天下
（1998）〉，和〈代結語：待從頭，收拾舊山河（1990）〉
之外，共收錄〔最後見解〕3篇，〔六四之後〕16篇，〔六
四之前〕2篇。連〈代序〉、〈代結語〉總計 23 篇，而且
篇篇有按語，讓讀者了解每篇文字的來龍去脈，這是該書的
最大特點。

根據〈編輯的話〉，編者又指出：

> 我為每篇都寫了編輯按語，註明作品背景，以及發
> 表後引來什麼罵名，「反華仇華勢力急先鋒」之類
> 的。過程當然有很多感想，但我都克制不寫出來。
> 出書用意就是要讓更多人繼承余英時精神，當然讓
> 他本人發聲就好。

我在讀顏編《余英時評政治現實》之後，我記述了下列
余英時在該書中所聚焦的主題，或許可以從其卓見中帶給我
們許多的省思和啟示。

1.在民主議題上，余英時提到所謂「硬相守」的概念，
即臺灣必須建立起最低限度的內部共識，走向一種「少數服
從多數，但多數尊重少數」的民主道路。相反的，如果臺灣

內部不斷的進行原子分裂的活動，則其前景是未可樂觀的。僅僅是「少數服從多數」仍可以流為「多數的專制」，不是民主。「多數尊重少數」才是真正體現了「寬容」的精神。余英時這提醒臺灣的政府與人民在民主制度上要鞏固，在民主內涵上要深化。

2.在國家利益的議題上，余英時指出，費正清時代美國對中國是不講這人權的，只要有一個很好的政府跟人民可以打交道就行了。國民黨到臺灣，美國覺得你國民黨要靠我們，才拚命講人權。美國只有看你很弱的時候才講人權，你實力變強就不講了。因為你變強，美國講人權要付很大代價，比如你買法國的飛機，不買美國波音了，這樣美國吃不消。利害考量也不能光怪美國，中國人也是國家利益第一的。很難要求國際政治完全根據正義公平的理論，不考量現實利害。少數個人也許可以，國家與社會集體是很難的。所以美國外交有兩個面向，一是實際利益的面向，一是理想主義的面向。

3.在傳統的中國文化上，余英時指出，我對蔣經國的印象一直不好的，很大原因是他是蔣介石的兒子，父傳子我不能贊成。他最早是要把自由派勢力幹掉，壓迫《自由中國》他是有分的，早期他是民主的敵人，但是後來慢慢覺悟，能有改進，就值得稱讚。……臺灣可以證明中國傳統文化並不是民主的絕對敵人。民主化、自由人權是哪裡都有些障礙的，不是中國特有的問題。

4.在「本土化」的概念上，余英時指出，「去中國化」是討厭中共，你把中國跟中共變成一個，去中共也非把中國去掉，那不可能。你自己也是中國的一部分，怎麼去掉？語言就是，最基本的語言去不掉。臺灣話也是閩南語，也不是臺灣才出現的，用的字還是漢字，意義還是傳統來的，怎麼去？所以「去中國化」本身不能成立。

最後，我樂意從一位圖書館學出身和從事通識教育者的角度，特別引介聯經出版公司從余英時過世後，新編的【余英時文集】16 種，再加上其公司原本出版的 12 種作品，總共 28 種（29 冊）、總字數超過 450 萬。該套書涵蓋了余英時的治學經驗、政論與時局評論，及呈現其生活交遊的詩選、序文等作品。全套 29 冊精裝版可供讀者閱讀與典藏。（2022-11-21）

周言《余英時傳》

　　2018 年 11 月，我們有機會可以閱讀得到，由臺北允晨文化出版的《余英時回憶錄》一書。比較遺憾的是，這書只寫到第五章的余英時到哈佛大學求學階段，勉強可謂之「上冊」。2021 年 8 月，余英時的逝世已使大家期待他親筆撰寫「下冊」的出版，成為學術界的一大憾事。

　　2021 年 10 月，所幸 INK 印刻文學生活雜誌出版了周言先生寫的《余英時傳》，使得余英時的一生全貌，讓我們可以有初步的閱讀與認識。周先生在該書的〈後記〉特別說明：

> 回到此書，由於英時先生此前曾經有多篇回憶文章，……因此此書寫作基本上以余英時先生的回憶為中心，另外李懷宇先生對余英時先生做過多次訪談，而且採訪過余先生周遭人物，都留下了和余英時先生相關的材料，因此本書也以這些材料作為重要參考，同時引用多種史料加以佐證，其中有許多資料是第一次披露。比如余英時先生父親的家信，余英時在哈佛的老師楊聯陞的日記，還有以前未能被重視的余英時先生老師錢穆的書信，還有未刊行的徐復觀日記等等，包括散落各地的余英時先生自

己的書信，筆者都一一加以蒐羅整理，以期還原一
個豐富的人物形象。

周先生又說：

而限於時空原因，許多存放在各個學校檔案館中的
有關余英時先生的史料也未能寓目。另外由於本書
乃是人物傳記，並非學術評傳，因此對於余先生學
術方面的成就，較少深入探討，以後將會寫專文研
究。

我就順著「對於余先生學術方面的成就，較少深入探
討」的話，特別針對該書第十二章〈余英時的岳父陳雪屏：
從學界到政界／一九四九之際／終老臺灣〉的這章節，引述
2011 年 6 月，由寶瓶文化出版作者任治平，撰文汪士淳、
陳穎《這一生：我的父親任顯群》的一段事件經過：

民國四十四年四月三日傍晚，顧劇團裡的花旦張正
芬與雲南籍國大代表庾家麟在臺北市空軍新生社結
婚，張正芬是顧正秋女士多年的舞臺搭檔，爸〔指
任顯群〕陪伴她參加婚禮。……日後，我姨公陳雪
屏親口告訴我〔按：指任治平〕，他參加國民黨召
開的政軍幹部聯合作戰研究會議，當我爸在臺下擠

進座位時，坐在講臺上第二排的姨公，聽到坐在第一排的蔣夫人向蔣總統說：「任顯群這麼荒唐！有空閒陪戲子，還來開什麼會！」旁邊的蔣經國插句話：「任顯群還替匪諜作保！」陳雪屏在爸還是財政廳長時，他是教育廳長。

任治平繼續說到：

過了一星期，十日是星期日，《大華晚報》的〈星期畫頁〉一向把前個星期較引人矚目的新聞畫面做整版刊出，那天的版面居然有一大半是張正芬婚禮，而且又用了顧正秋與爸的照片，風暴終於來臨。第二天十一日，爸就被保安司令部以涉及叛亂罪的「知匪不報罪」，「請」進去了。……民國四十七年一月十三日爸獲假釋，離開看守所。……獲釋的那天，時任考選部長的姨公陳雪屏去看守所辦理交保手續，並陪爸回到我們永康街的家，姨公臨別提醒爸，他是假釋出獄，說話行事都須特別小心。在獲得假釋的同時，爸不得不接受一個不可思議的附加條件——不得在公共場合露面，也不能在臺北市做生意。

承上述，1950 年代、60 年代，國家正處風雨飄搖的階

段，余英時岳父陳雪屏、任顯群與當代「兩蔣」關係的政治
發展，何況又涉及私人的複雜與耐人尋味的情感之事。

這段屬於近、現代史也正如周著《余英時傳》〈前言〉
指出：

> 從余英時出生的二十世紀三〇年代開始，恰好是中
> 國波譎雲詭的歷史時期，余英時及其身後的潛山余
> 氏家族的百年變遷，恰恰是中國近代史劇烈變動的
> 縮影，二十世紀上半葉，潛山家族的分化，折射出
> 國共政爭中近代史的戲劇性，而余英時本身成長的
> 歷程，經歷了自抗戰之後中國近代史中若干重要轉
> 捩點，余英時都和這些轉捩點有著千絲萬縷的聯
> 繫，曾有人說透過寫一個人寫近代史，唯獨通過梁
> 啟超的傳記才有可能，而透過一個人寫一部當代
> 史，尤其是當代的學術史和思想史，唯獨通過余英
> 時的傳記才有可能。

周書《余英時傳》的在最後〈附錄〉有：〈楊聯陞日記
中的余英時〉、〈余英時先生最後十年的點滴追憶〉、〈前
哲身影〉，和由馬子木、周言合輯的〈余英時先生著述繫年
要目〉。

這篇〈余英時先生著述繫年要目〉，包括「引用諸書版
本」所臚列余英時自 1950-2014 年發表的論文目錄，這從

481 頁起至 536 頁的長達 45 頁的目錄表,是提供了研究「余英時思想」的最佳工具書。(2022-11-22)

陳致《我走過的路：余英時訪談錄》

2012 年，聯經出版《我走過的路：余英時訪談錄》，是本陳致訪談余英時的求學、治學經過。全書分成：余英時親撰「我走過的路」；陳致訪談「直入塔中　上尋相輪」、「宗教、哲學、國學與東西方知識系統」、「治學門徑與東西方學術」、「為了文化與社會的重建（劉夢溪訪談）」；陳致寫的「後記」；車行健整理「余英時教授著作目錄」等四大部分。

書的第一大部分是余英時寫〈我走過的路〉一文，該文最初發表於 1995 年《關西大學中國文學會紀要》。主要從他童年的記憶開始，一直講到讀完研究所為止。大致分成三個階段：1937-1946 年，鄉村生活；1946-1955 年，大變動中的流浪；1955-1962 年，美國學院中的進修。

首先，余英時在「我變成了一個鄉下孩子」中提到，他從七八歲到十二三歲時，曾在家鄉的河邊和山上度過無數的下午和黃昏。有時候躺在濃綠覆罩下的後山草地之上，聽鳥語蟬鳴，渾然忘我，和天地萬物打成一片。這大概便是古人所說的「天人合一」的一種境界吧！

余英時寫到鄉居的另一種教育可以稱之為社會教育，談到現代社會家形容都市生活是「孤獨的人群」（lonely crowd），其實古代的都市又何嘗不然？余英時引蘇東坡詩

「萬人如海一身藏」，正是說在都市的人海之中，每一個人都是孤獨的。

蘇東坡的〈病中聞子由得告不赴商州〉詩：「病中聞汝免來商，旅雁何時更著行。遠別不知官爵好，思歸苦覺歲年長。著書多暇真良計，從宦無功謾去鄉。惟有王城最堪隱，萬人如海一身藏。」

余英時在書中的記述他少年鄉居的記憶，和引蘇東坡詩的「萬人如海一身藏」的孤獨生活。真能道出我有幸在與他同年紀時期的臺南府城下茄苓堡鄉居記憶，和當今我在臺北蟾蜍山居的閱讀與書寫生活。

其次，余英時在「大變動中的流浪」提到，1946 年，他先到南京，再經過北平，然後去了瀋陽。1947 年考取東北中正大學歷史系，治學道路也就此決定了。大一上學期就遇到瀋陽陷入共軍包圍之中，他們一家人回到北平。1948 年 11 月，流亡到上海。1949 年秋天，考進北平燕京大學歷史系。1950 年元月，到香港探望父母，進入新亞書院，跟隨老師錢穆做學問。

最後，余英時在「美國的進修」提到，1955 年到了哈佛大學，有機會和有系統地讀西方書籍。從 1955 年秋季到 1962 年 1 月，一共有六年半的時間在哈佛大學安心讀書，並接受楊聯陞（蓮生）教授的指導。余英時特別提到他以往（1937-1955）的自由散漫、隨興所至的讀書作風，縱然能博覽群書，終免不了氾濫無歸的大毛病。因為，楊先生特別

富於批評的能力，又以考證謹嚴著稱於世，這和錢穆先生的氣魄宏大和擅長總合不同。余英時受益於這是兩種相反而又相成的學者典型。

書的第二大部分是陳致與劉夢溪的分別訪談余英時。首先，陳致訪談的「直入塔中　上尋相輪」，分述：〈克魯格獎〉，〈政治、黨爭與宋明理學〉，〈清代考據學：內在理路與外部歷史條件〉，〈最後一位風雅之士：錢鍾書先生〉、〈以通馭專，由博返約：錢賓四先生〉，〈國學與現代學術〉，〈學問與性情，考據與義理〉，〈「直入塔中」與「史無定法」」，〈「哲學的突破」與巫的傳統〉，〈「內向超越」〉，〈胡適的學位與自由之精神〉，〈民族主義與共產主義〉，〈人文邊緣化與社會擔當〉，〈西方漢學與中國學〉等 14 篇。

其次，陳致訪談「宗教、哲學、國學與東西方知識系統」，分述：〈儒家思想的宗教性與東西方學術分類〉，〈國學、「國學者」與《國學季刊》〉，〈哲學與思想：東西方知識系統〉，〈哲學與抽象的問題〉，〈文化熱與政治運動〉，〈知識人：專業與業餘〉等 6 篇。

第三，陳致訪談「治學門徑與東西方學術」，分述：〈哈佛讀書經驗〉，〈早歲啓蒙與文史基礎〉，〈先立其大，則小者不能奪〉，〈洪煨蓮（業）與楊聯陞〉，〈俞平伯與錢鍾書〉，〈學術與愛國主義〉，〈取法乎上〉，〈西方漢學與疑古問題〉等 8 篇。

最後，劉夢溪訪談「為了文化與社會的重建」，分述：
〈關於錢穆與新儒家〉，〈學術不允許有特權〉，〈學術紀
律不能違反〉，〈「天人合一」的局限〉，〈怎樣看「文化
中國」的「三個意義世界」〉，〈學術立足和知識分子的文
化承擔〉，〈「經世致用」的負面影響〉，〈中國學術的道
德傳統和知性傳統〉，〈中國傳統社會的「公領域」和「私
領域」〉，〈中國歷史上的商人地位和商人精神〉，〈如何
看待歷史上的清朝〉，〈東西方史學觀念和研究方法的異
同〉，〈最要不得的是影射史學〉，〈文化的問題在社
會〉，〈社會的問題在民間〉等 15 篇。

書的第三大部分是陳致寫的「後記」，談到他第一次見
到「余英時」的名字，和談到他前前後後，與余英時就訪談
的事，通話不知多少次，承余英時不憚其煩，一再接受他的
訪問，又仔細認真地改定文稿。

書的第四大部分是車行健整理的「余英時教授著作目
錄」，分：一、中文之部，A. 專書有 71 本，B.單篇論著有
492 篇，C.訪談錄、對談錄有 39 篇；二、外文之部，
A.Books 有 10 本，B. Articles 有 43 篇；C.日文文獻有 11
篇。余英時的著作盡收眼裡，是研究余英時學術思想最佳參
考書目的工具書。

2012 年，聯經出版陳致訪談《我走過的路：余英時訪
談錄》，現在市面上有增訂新版。有志於學術研究的讀者，
這書提供了一代學人余英時先生的寶貴治學經驗，是很值得

我們詳加閱讀的一本優質讀物，和兼有治學功用的一部工具書。（2023-03-16）

林載爵主編《心有思慕：余英時教授紀念集》

2021 年 8 月 1 日，余英時先生過世。我曾先後介紹過余先生的多本著作，其中有本 2019 年 1 月，由聯經公司出版，林載爵主編，邀請王汎森、田浩、丘慧芬、何俊、河田悌一、林富士、周質平、陳玨、陳弱水、彭國翔、葛兆光、鄭培凱、冀小斌、謝政諭、羅志田、陶德民等 16 位，共同寫成的《如沐春風：余英時教授的為學與處世——余英時教授九秩壽慶文集》一書。

余先生過世後的一年，2022 年 11 月，同是由林載爵主編，蒐羅名儕後生對余先生的追思悼念文，彙集成《心有思慕：余英時教授紀念集》一書。這次撰稿者包括：唐端正、金耀基、張先玲、陳方正、李歐梵、孫康宜、田浩、江青、周質平、鄭培凱、蘇曉康、張鳳、葛兆光、丘慧芬、林載爵、梁其姿、邵東方、陳國棟、陳弱水、容世誠、王汎森、賴大衛、何俊、陳致、陳懷宇、周保松、柴宇瀚等 27 位，計 31 篇。以下我簡述這 27 位作者各篇的主題：

1.唐端正〈悼念余英時兄〉，選錄其中一封來信的詩作，以見余英時的平生意趣。

2.金耀基〈有緣有幸同半世——追念一代史學大家余英時大兄〉，敘述余英時意識形象栩栩如生，師從錢穆的史學

之路，論述胡適、殷海光、余英時，和他與余英時的翰墨之緣。

3.張先玲〈在北京包餃子的期望——憶英時表哥二、三事〉，敘述余英時母親是有主見的才女，初見表哥來到桐城，再見面已是改革開放，和最後一次的聚首。

4.陳方正有三篇，第一篇〈時間凝固的一刻——驚聞余英時兄仙逝〉，第二篇〈相遇於命運的樞紐——談余英時、新亞書院與中文大學〉，第三篇〈緬懷余英時兼論他的兩個世界〉等三篇。他們二人曾共事於新亞書院與中文大學。文中兼論余英時歷史研究的世界，與當代中國批判的世界。

5.李歐梵〈悼念余英時先生〉，記述余英時晚年最關心「國學」與中國人文研究的兩大課題，和一代偉人生活的逍遙自在。

6.孫康宜〈同事五年 友誼長存：悼念英時〉，敘述余英時離開耶魯出於偶然，及非常有耐心的解答難題。

7.田浩〈我與指導教授余英時相處的個人回憶〉，這篇是田浩繼《如沐春風：余英時教授的為學與處世——余英時教授九秩壽慶文集》〈余英時老師與我的宋代思想史研究——兼論宋代思想史研究的若干新思考〉寫成，敘述他與指導教授余英時相處情形。

8.江青〈余思余念——悼余先生英時〉，這位 1967 年獲金馬獎最佳女主角，她描述余英時以天下為己任，古道熱腸，若愚大智，把人情看得很重，跟歷史上的人物接通心

靈。

9.周質平〈敬悼余英時先生〉，這篇是周質平繼《如沐春風：余英時教授的為學與處世──余英時教授九秩壽慶文集》〈自由主義的薪傳──從胡適到余英時〉之後寫成的評論，他認為余英時的學術成就，影響由海外傳海內，能以學術研究影響到現世政治，回港接受「真切活潑的刺激」，「以爭取自由為己任」。

10.鄭培凱〈我們都是文化遺民〉，這篇是鄭培凱繼《如沐春風：余英時教授的為學與處世──余英時教授九秩壽慶文集》〈英時我師九秩嵩壽別序〉之後寫成的文字。他特別提到余英時說「我真的沒想到能夠活到九十歲」，題寫〈重過聖女祠〉的心境。以及感慨陳寅恪是中國文化傳統的遺民，與二十世紀中國繼續不斷的革命，是格格不入的。

11.蘇曉康〈當余英時說「我在哪裡，哪裡就是中國」，該文指出余英時的名言「我在哪裡，哪裡就是中國」，已經響遍華文世界。

12.張鳳〈余英時先生在哈佛學習的獨到之處〉，指出余英時的寫讀和娛樂是結合的，不需要在人前證明自己的存在，沒寂寞感。

13.葛兆光〈學術史和思想史的傳薪者──敬悼余英時先生〉，這篇是葛兆光繼《如沐春風：余英時教授的為學與處世──余英時教授九秩壽慶文集》〈幾回林下話滄桑──我們認識的余英時先生〉寫成的文字，讀來可令人感受到余

英時對他的特別親近與知心。葛兆光認為余先生身處時代，實際上比胡適的時代更嚴峻，胡適還能政治歸政治，學術歸學術，在左手發表時論的同時，右手卻在做著與政治不相干的《水經注》研究、禪宗史研究、小說考證。但余先生的時代，往往使他不得不在學術研究中，時時投入自己的問題和關懷。葛兆光還特別提到余英時曾經這樣說過胡適，「作為一個學人，胡適的自由主義重心也偏向學述和思想，與實際政治不免有一間之隔」。

14.丘慧芬〈「為追求人生基本價值而付出努力」的典範知識人——敬悼余英時先生〉。這篇是她繼《如沐春風：余英時教授的為學與處世——余英時教授九秩壽慶文集》〈承負、詮釋與光大中國知識人傳統的余英時〉寫的文字。文中提及余先生特別謝謝他們夫婦將余先生的回憶錄譯成英文。

15.林載爵〈辭長不殺，真非得已——由短序變專書：余英時先生與聯經的因緣〉，記述余英時重要著作在聯經的出版經過。

16.梁其姿〈余英時先生的古人精神世界〉，敘述余英時在中研院的演講，與研討會的精采情節。

17.邵東方〈涓滴教誨見真情——懷念余英時先生〉，敘述期透過老師與錢穆的學述淵源，有幸結交余英時的情形。

18.陳國棟〈余英時老師——早年的回憶與永久的懷

念〉，敘述他在耶魯大學與余英時一起研究的三年時光。文的最後，陳國棟特別指出余英時是歷史家，熱愛人生，也愛同胞，也愛世人。

19.陳弱水〈我生命歷程中的余英時老師〉，是陳弱水繼《如沐春風：余英時教授的為學與處世——余英時教授九秩壽慶文集》〈有關余英時老師的回憶〉的文字，更完整地回顧他生命歷程中的余老師。

20.容世誠〈何敢自矜醫國手，藥方只販古時丹——在Jones Hall 讀歷史〉，敘述了余英時在普大的教學與研究情形。

21.王汎森有：〈「商量舊學，涵養新知」——余英時先生的讀書與著述生活〉、〈自由主義的傳統基礎——余英時先生的若干治學理路〉、〈「新亞之寶」余英時〉等三篇。王汎森之前在《如沐春風：余英時教授的為學與處世——余英時教授九秩壽慶文集》已發表〈偶思往事立殘陽……當時只道是尋常——向余英時老師問學的日子〉，敘述他在普林斯頓大學師從余英時的治學經過。

22.賴大衛〈回憶先師余英時教授〉，敘述他在余英時教授的研究生課堂上做過一次有關林爽文的報告，而余英時似乎並不介意。當他開始講述林爽文之亂過程中的細節時，余英時對叛亂了解之深令他感到驚訝！當他解釋到乾隆皇帝如何因為當地居民勇敢而堅決地抵抗林爽文軍隊之進攻，而將諸羅縣改為嘉義縣時，余英時說他早就知道了，因為余英

時之前已經在清朝地方志中讀過！這是賴大衛第一次直接感受到余英時廣博的知識以及驚人的記憶力。

23.何俊〈最後的再見〉，特別提到他最後見到余英時，余先生講，人老了，什麼理論、學術都不重要了，最珍惜的便是人世間的溫情了。

24.陳致〈「士不可以不弘毅」——懷念余英時先生〉，提到初識余先生與「內向超越」，談論錢鍾書與余英時，「以仁為己任」。

25.陳懷宇〈接過余英時先生所傳慧炬，讓自由之光永耀宇內〉，先略憶余先生二三事，再詳論其在自由之光照耀下走學術之路。

26.周保松〈拔劍四顧心茫然——敬悼余英時先生〉，敘述余英時的香港情懷。

27.柴宇瀚〈史學星沉——憶記余英時先生在香港往事〉，敘述余英時在香港自由出版社與「小錢穆」之稱，友聯出版社與《中國學生周報》，以及余先生離開友聯的原因。

我讀林載爵主編《心有思慕：余英時教授紀念集》一書，讓我聯想起 1962 年 3 月，學生出版社的印行《胡適之先生紀念集》。這兩書一起對照閱讀，更能了解胡適、余英時這兩位自由主義學人的治學與學術傳承。（2023-03-17）

第四部分

對話李顯裕談自由主義的精神與思想

對話〈余英時對香港政治的評論之探討〉

　　拜讀了李顯裕老師的大文，結構嚴謹，段落分明，論述清晰，也都符合學術論文的格式與要求。尤其當前香港發生「反送中事件」，和舉行過區議會議員的選舉，顯裕老師的選擇和撰寫這題目顯得格外有意義，讓我要與談感覺壓力更大。

　　以下，謹就顯裕老師論述余英時對香港的三個階段政治評論，我綜合了余英時的政治思想和其對香港的政治評論，也順著顯裕老師所列出的三個階段，歸納為余英時五個主要思想發展的歷程。這是我個人的一點淺見，提供大家參考並敬請指教。

一、余英時 1950 年代以前的顯意識新民主主義

　　顯裕老師在文中提到余英時與香港的因緣，點出了余英時的長期關注香港政治等相關議題。顯裕老師指出：

> 而余英時也成長於共產主義與思想在中國盛行的
> 1940 年代之際，但因為 1945 年之前，他在自己安徽
> 家鄉過童年生活時，對共軍在他安徽故鄉的所謂紅

軍之屠殺行為印象不佳，所以促使他認為「新四軍」的第四支隊作為共產黨的武裝力量，它留給當地百姓的則是恐懼，毫無理想性。同時，1946 年當余英時重回城市瀋陽之後，當時瀋陽的蘇聯紅軍剛撤走不久，然蘇軍的姦淫搶劫已在整個東北激起人民普遍的憤怒，……故使得余英時無法對共產主義發生真正信仰。

余英時也提到共產主義在中國的興起，尤其是在 1936 年的「西安事變」和 1937 年的「盧溝橋事變」，以「國際主義」為號召的共產革命運動最後竟靠民族主義的動力來完成，這是歷史的一大弔詭。清末民初中國知識人為什麼熱心把共產主義介紹到中國來，這些早期介紹人究竟是怎樣理解共產主義的？

根據余英時的說法：

首先是儒家特別注重「均」的觀念，……「士」階層中人是極端同情貧民而鄙視富人的；儒家另一有極大影響的價值觀是關於「公」和「私」的尖銳對比，……康有為寫《大同書》，而主張革命的孫中山也宣揚「天下為公」四個字，這又構成清末知識人接受共產主義理想的一種背景。

所以，余英時也提到「1949-50 期間，在顯意識的層面是接受了中共政治綱領的（所謂「新民主主義」的聯合政府），也詳細敘述他已經通過了新民主主義青年團的「入團」經過。但在他做了一個完全相反的新決定之後，他幾個月來一直深深困擾的「天人交戰」，突然消失不見了，心中只有一片平靜與和暢。我想這也是一段余英時獨特的人生際遇與思想的重大轉折。

二、余英時 1950 年代的接受自由主義思想體系

顯裕老師詳細敘述余英時在轉學入新亞書院就學的 1950 年代，當余英時在香港就讀錢穆（賓四）創建的新亞書院，同時開始接觸在國民黨與共產黨之外的所謂「第三勢力」，並且努力閱讀書報，逐漸接受和建立起自己的自由主義思想體系價值。所以到了 1955 年在轉赴哈佛大學求學之前，已有《民主制度之發展》等多本專書和多篇有關民主政治方面的評論。

特別是顯裕老師在引述余英時〈走向平民化的教育〉一文及討論中指出：

> 過去香港的教育太過現實化和貴族化了，故未在年輕學生的心靈散播下任何文化精神的種子，「只有工具的知識，而沒有更高的正確的文化力量來支配

這種工具的話，那難免要闖禍的」。且「中國文化
的基本特徵之一，便是平民化」，是以余英時認為
香港教育若走上中國化和平民化之路，將是極有意
義的事。

我想在這觀點上，余英時受顯然受其恩師錢穆的影響很
深，錢穆在《政學私言》指出：

> 所謂自適國情之政制者，大體言之，即所謂公忠不
> 黨之民主政治。「公忠不黨」者，乃超派超黨，無
> 黨無派，或雖有黨派而黨派活動在整個政制中不佔
> 重要地位之一種民主政治，亦即所謂「全民政
> 治」。

顯裕老師特別點出余英時評論香港當時的教育政策，認
為香港功利性的教育應該改善，同時也應強化對中西文化的
認識教育，此將可以對付中共透過「回國升學」的政治統戰
方式。

這也讓我理解余英時這一生的學術思想研究，不光是在
自由主義思想方面的受到胡適的影響，他也同時承襲了他老
師錢穆在中國傳統文化思想的精髓。

三、余英時 1980-1990 年代的堅信民主價值高於民族主義的價值

余英時在 1973-1975 年期間回到香港中文大學擔任副校長，與新亞書院的院長。余英時在香港更延續其在美國接受西方教育之後所堅持的自由主義精神。在對民主、自由的堅持方面，余英時支持香港的自由民主，和香港在英國統治時期已初具自由人權法治的精神。

尤其 1980-1990 年代當香港主權已逐漸面臨 1997 年的期限，在此氛圍下余英時仍然堅信其民主價值高於民族主義的價值。顯裕老師引述及討論余英時在〈香港問題私議〉指出：

> 一旦主權收回中國之後，中共政府不可能會容忍香港有完全的言論自由，特別是批評和反對中共的言論，這必然會影響香港未來的發展。……「民主」的價值是高於「民族主義」的價值。虛矯的民族主義之下，若無法有民主、自由的空間，那顯然不是他〔按：指余英時〕所能接受的。

余英時批判「中共雖以煽動民族激情而起家，但只有在港、澳問題的處理上我們才能看出它對民族主義的真實態度」。中共以中國民族主義自居，只有在面對現實的考驗

下，才知道民族主義只是它奪權的工具，而不是真正持守的
價值。

據此，顯裕老師指出余英時所欲表達中共強調的民族主
義只是他的一種手段。換言之，民族主義對中共而言是「工
具理性」而非「價值理性」。

四、余英時 2010 年代的提倡從科學民主到人文民主

顯裕老師又提到：

> 2013、2014 年之際，香港公民為爭取公平的特首普
> 選，而發起了諸多群眾運動，例如「公民抗命」、
> 「佔領中環」的大運動，余英時依然仗義為文〈公
> 民抗命與香港前途〉，支持香港公民的行動，以對
> 抗中共在香港所欲實行變相的「一黨專政」之計
> 謀。……爭取特首普選，關係著香港所有公民的未
> 來，他們的人權、自由、生命尊嚴等等核心價值，
> 都必須在過了公平普選這一關之後才能有著落。在
> 缺乏任何其他有效途徑的情況之下，公民抗命、佔
> 領中環無疑是爭取普選的最重要的手段。

顯裕老師並指出：

余英時指出共產黨一黨專政，在香港操縱局面，他
們是不想改變的。所以這就是引起香港人憤怒的主
要原因。而且最重要的也是最關鍵的香港人對於北
京的政府完全沒有信心，……。所謂五十年不變，
所謂公民自由可以允許繼續存在，司法獨立繼續存
在，這些東西都可能會發生變化，因為他們對共產
黨實在沒有任何信心。香港人現在非常恐懼，就是
怕公民權會被取消。

余英時評論民初五四運動倡導科學與民主，即便國民黨
政權失敗，到了臺灣，也沒改變知識人對民主和科學的嚮
往。直到廿世紀末期，科學已與國際接軌，也落實民選，邁
入新時代。如今臺灣的民主在形式上成器，但運作還沒十全
十美，需要更多精神價值支撐，就是人文修養。

儘管我將當前中華民國政經體制稱之為「臺灣特色的資
本主義」，相對於中國大陸自稱實施的「中國特色社會主
義」。更準確地說，中共當前是「以社會主義之名，行資本
主義之實」。從自由主義民主發展的歷史軌跡觀察，資本主
義的強調自由市場，經濟的自由之後必將要走向政治民主之
路。

這從許多開發中國家可以找到這種實例，因此我們也要
提醒香港人不要因為美國總統的川普簽署了《香港人權與民
主法案》與《保護香港法案》，而錯估了反對中共過度干預

「港人治港」、「高度自治」、「一國兩制」的形勢，以及香港人自身所要推動自由民主的目標。

從科學民主到人文民主的理念，余英時舉香港反送中運動等時事，說明民主的背後需有文化支撐，而文化要靠人文修養來實踐，尤其民主領導人，更不能空談，要實踐人文的素養與修為。

五、結語：余英時儒家的人文主義

余英時指出：

> 民主在臺灣實踐之後，還需要有精神層面的支持，不只是文史哲或社會科學，而是一種文化，用儒家的說法叫做「人文主義」。即臺灣已經完成民主「一人一票」的程序，但是運作上還需要民主文化和精神價值同時並行、互相刺激，兩者缺一不可。臺灣今天面臨很大危機，包括政治上、精神價值上；臺灣人要加強人文素養和修為，在緊急時刻就能支撐自己，做出正確的判斷。知識分子在動盪大時代如何安頓自己，找尋生命價值。

我想儒家思想的人文主義正是余英時對臺灣、香港和中國大陸的華人地區推動自由民主的最深期盼。余英時的人文

主義思想，匯集了胡適、錢穆、楊聯陞等思想家的文化精
華，並蔚為一代大師的風範，這也是今天我與談顯裕老師這
篇論文的最大收穫。（2019-12-03、2023-07-30）

對話〈余英時在香港時期（1950-1955 年）所承受的文化精神與思想〉

　　2020 年 11 月 17 日，中央警察大學通識中心舉辦「公民素養與警察通識教育國際學術研討會」，我受邀擔任李顯裕博士〈余英時在香港時期（1950-1955）所承受的文化精神與思想〉的評論人。我將在該會上發表的文字整理如下：

　　顯裕老師文的題目〈余英時在香港時期（1950-1955 年）所承受的文化精神與思想〉，建議修改為〈余英時香港時期（1950-1955）承載的文化精神與思想之探討〉，或是〈余英時所承受的文化精神與思想：以香港時期（1950-1955）為研究〉。

　　顯裕老師文提到，

> 余英時早年（1955 年前）思想略探，受梁啟超、胡適之的思想啟蒙、受錢賓四楊聯陞的史學薰陶；承受余協中、陳雪屏的家學淵源。

　　梁啟超講「帝王專制」，這觀點余英時老師錢穆也提醒余英時注意梁啟超君主專制思想的提出是抹煞中國的政治傳統。胡適是主張自由主義的。余英時受錢賓四楊聯陞的史學薰陶，彰顯余英時得識名師和受益良師，蔚成一代大師。余

英時家學受其父親余協中、岳父陳雪屏的影響。父親余協中創辦東北中正大學;岳父陳雪屏來臺之後參與中國國民黨改造委員會,亦曾任教育部長,對當年其師錢賓四的二次回臺,為新亞書院辦校的奔走多所協助。

1984 年 5 月 5 日《中央日報》登出陳雪屏〈不畏浮雲遮望眼,自緣身在最高層〉除了敘述大陸淪陷,如何搶救學人來臺之外,還特別提到:胡頌平編《胡適之先生年譜長篇初稿》,由誰最適當來負責寫〈序文〉的人選,最後是由陳雪屏提議邀請余英時擔綱,內舉不避親。余英時寫這篇〈序文〉長達三萬多字,將胡適之先生學術的一生描述得淋漓盡致,對後學的學術研究具有激勵作用與效果。

顯裕老師文提到,

> 余英時與香港的文化關連,尤其受到新亞書院的影響,余英時在轉學新亞書院之前,於 1947 年夏天考進東北中正大學,當時父親〔按:指余協中〕在該校擔任文學院院長,並代理校長職務。東北淪陷後,他參加燕京大學在上海舉行的轉學考試錄取,在校期間曾申請加入「新民主主義青年團」。

余英時後來在他的《余英時回憶錄》說:

> 他當時在精神上發生的變異現象,一是感染了一種

271

宗教式的狂熱情緒；另一則是「左傾幼稚病」。余
又在回憶錄指出：他父親在戰爭期間雖任職考試院
參事，卻一再婉謝加入國民黨的邀請，這一態度對
他發生了無形的影響。我想這都是余英時後來一直
未加入國民黨，而持無黨身分客觀論政的原因。

　　從錢穆出版的《八十憶雙親師友雜憶合刊》（三民版）
的回憶文字，凸顯新亞書院創校是其老師錢穆一生學術研究
的後期，卻是余英時開始進入學術研究的前期。錢穆為新亞
書院創校的運作經費，曾經爭取國民黨的支助和安排到臺灣
全省各地作講演。2020 年，我曾在拙作〈余英時人文主義
的通識治學之探討〉，引述錢穆於 1950 年冬，因為新亞書
院創校初期的面臨校舍、校務經費等營運困難，來臺期間獲
總統府祕書長王世杰得蔣介石面諭協款的度過難關。同時，
臺灣省教育廳長陳雪屏為其安排至各學校講演。

　　1950 年代，陳雪屏曾任中國國民黨中央改造委員等黨
政要職。陳雪屏是余英時的岳父，但因與胡適走得近，被蔣
介石在其日記中指責他借胡適來脅制本黨。

　　陳雪屏長公子陳棠，也就是余英時的妻舅，當年曾追隨
李國鼎部長多年，並與李國鼎部屬的李偉、季可渝、李端
玉、許遠東等人被稱之為「五虎將」。後來的陳棠，更曾出
任臺灣土地銀行董事長一職。上述略提了余英時家族與中華
民國播遷來臺之後的黨政關係。

顯裕老師文提到，余英時受到香港第三勢力的影響，引《余英時回憶錄》提到：

> 張君勱追隨梁啟超，也信服民主社會主義，創立民社黨，曾邀請胡適、錢穆加入，但未被接受。胡適幾乎是把香港第三勢力解讀為「國際第三勢力」，或是只能在國務院的小鬼手裡討一把「小米」（聯經：《胡適日記全集》）；錢穆則只願意參加張氏親自主持的討論會，但他不能和素不相識的政治人物商議創新政黨的問題，並希望張君勱不要只在國外，應回到臺灣監督或批評國民黨政權，促進國內民主政治發展。香港第三勢力的接受美國中央情報局支持的亞洲基金會補助的出版刊物，是二戰後美國霸權透過「民主革命」模式，來達成經濟掠奪的「殖民式民主」，因此也導致鮮為當地國家帶來繁榮與安定，反而造成更多動盪與災難。

余英時在香港所承受的文化與思想資源，對於余英時1950 年代處於徐復觀的香港《民主評論》，對上胡適（雷震）的臺北《自由中國》敘述非常詳細。我們了解 1950 年代香港還是英國的殖民地，它表現的政經社文現象是一種「掠奪式市場經濟」和「殖民式政治民主」。在民主政治與市場經濟上的未均衡發展，十足就是貪婪資本主義型態。香

港殖民政府給香港居民有了經濟、文化與思想上的自由，但並沒有給香港居民在政治、自主與選舉上的民主。

最後，我將全文做了整理。余英時早年（1955 年前）思想主要受梁啟超與胡適之的思想啟蒙，因為梁啟超的「帝王專制」說法，引來余英時老師錢穆提醒余英時注意梁啟超所提「中國傳統是君主思想」是抹煞中國的政治傳統。同時余英時受胡適自由主義的影響也很深，余英時自己說小時候就讀《胡適文存》。

余英時在史學上受錢賓四與楊聯陞的史學薰陶，余英時可謂得識名師和受益良師，蔚成一代大師。在家學淵源，受父親余協中與岳父陳雪屏的家學淵源。父親余協中創辦東北中正大學；岳父陳雪屏來臺之後參與中國國民黨改造委員會，亦曾任省教育廳聽長，對當年國學大師錢賓四的二次回臺，為新亞書院辦校的奔走多所協助。

余英時與香港的文化關連，是在新亞書院的養成影響。回溯余英時在轉學新亞書院之前，1947 年夏天，他考進東北中正大學，當時他父親余協中在該校擔任文學院院長，並代理校長職務。東北淪陷後，他參加燕京大學在上海舉行的轉學考試錄取，在校期間曾申請加入「新民主主義青年團」。

余英時後來在他的《余英時回憶錄》說，他當時在精神上發生的變異現象，一是感染了一種宗教式的狂熱情緒；另一則是「左傾幼稚病」。余又在回憶錄指出：他父親在戰爭

期間雖任職考試院參事，卻一再婉謝加入國民黨的邀請，這一態度對他發生了無形的影響。我想這都是余英時後來一直未加入國民黨，而持無黨身分客觀論政的原因。

從錢穆出版《八十憶雙親師友雜憶合刊》（三民版）的回憶文字，凸顯新亞書院創校是其老師錢穆一生學術研究的後期，卻是余英時開始進入學術研究的前期。錢穆為新亞書院創校爭取國民黨的資助和安排回臺全省各地的講演，以籌措新亞學院經費。

當時香港第三勢力的活動情形：根據陳正茂《大陸邊緣的徒然掙扎：冷戰時代滯港及流亡海外的第三勢力滄桑錄》指出，美國既然鎖定張君勱為拉攏對象，張的第三勢力運動也亟需美元的挹助，雙方自然一拍即合。尤其當時徐復觀主持的香港《民主評論》，對上胡適支持雷震的臺北《自由中國》的立場與言論是相互批評的。而且 1950 年代香港還是英國的殖民地，它的政經體制，是一種「掠奪式市場經濟」和「殖民式政治民主」的混合型態。香港殖民政府給香港居民有的是經濟上的自由，但並沒有給香港居民政治上的民主。

1958 年 12 月 16 日，為大陸來歸的藝人李湘芬題詞，胡適對他秘書胡頌平回憶他以前康乃爾大學史學老師伯爾（Prof. George L. Burr, 1857–1938）說：「我年紀越大，越覺得容忍比自由還要重要」（Tolerance is important than freedom）。其實容忍就是自由：沒有容忍，就沒有自

275

由。我自己也有「我年紀越大，越覺得容忍比自由還要重要」的感想。胡適後來也因這段話在臺灣遭致批評，認為胡適是容忍蔣介石在臺灣實施的獨裁統治。

1950、1960 年代，中華民國在臺灣興起中西文論戰與反共文藝，1970 年代，中華文化復興運動、現代主義文學與鄉土文學論戰。余英時思想受到《到奴役之路》作者海耶克（F. A. Hayek, 1899-1992），和臺大教授邢慕寰、周德偉等自由派經濟學者的思想影響很深。

例如：1960 年，海耶克在他《自由的構成》的一書中指出：

> 自由經濟是捍衛自由政治的城牆，一個以個人自由為其基礎的社會，不僅會比其他種架構的社會更有效率，同時也會更為公正公平。

2018 年 11 月，余英時出版《余英時回憶錄》，寫到第五章美國哈佛大學的求學階段，其發生的時間是在 1960 年代前後。2020 年，李顯裕發表這篇〈余英時在香港時期（1950-1955）所承受的文化精神與思想〉時，余英時已是高齡 92 歲了，我們當時還期盼可以早日讀到《余英時回憶錄》（下冊）的出版。

很遺憾的是，隔（2021）年 8 月 1 日，余英時即逝世於美國，留下他未親自撰寫《余英時回憶錄》（下冊）的心

願，給帶給我們無緣於讀到他下半精彩人生的治學經驗與生活智慧之嘆。

我在評論評李著〈余英時在香港時期（1950-1955）所承受的文化精神與思想〉文的最後，也特別建議顯裕老師繼續整理撰寫，有關於余英時在 1973 年至 1975 年的期間，他從美國回到香港擔任新亞書院院長兼中文大學副校長，其所承載文化精神與思想的探討，乃至於後來余英時對有關「香港問題」的評論。（2023-03-08、09）

對話〈余英時與新儒家思想的交涉〉

　　這篇文稿是 2021 年 11 月 23 日，我在警大通識中心研討會上擔任李顯裕博士發表〈余英時與新儒家思想的交涉〉一文的與談人。現在我利用這機會把發言的內容整理成文字，並且彙整 2018 年與談顯裕老師發表的〈余英時與新儒家〉文。藉此，也感謝主辦單位和李顯裕老師的邀約，讓我參與了這主題的討論。

一、余英時與新儒家關係

　　顯裕老師提到余英時與新儒家思想的關係，余英時談到他對新儒家徐復觀的看法，余英時說：

> 我寫了〈錢穆與新儒家〉一文，另外有一個重要原因，錢先生逝世以後，很多人把錢先生寫入新儒家的一員。但是，錢先生跟唐〔君毅〕如此不合，張君勱、唐君毅、牟宗三、徐復觀四先生一九五八年簽名的〈中國文化宣言〉，錢先生不肯簽名。這是錢夫人鄭重請我寫的。

　　余英時說：

　　殷海光得癌症的時候，他的論敵徐復觀托金耀基把
三千塊錢送給他。徐復觀這一點很好，雖然是思想
上的論敵，互相罵得一塌糊塗，這個時候表示同
情，很有義氣。1950 年代開始，新亞書院辦新亞講
座，請各種人來演講。後來徐復觀從蔣介石那兒拿
到錢，辦《民主評論》，那算是香港一個重要的媒
體。1970 年代余英時在新亞書院校長期間，在《明
報月刊》發表一篇談自由的文章，引發羅孚領導的
《新晚報》的批判，說余英時回香港來不為中美關
係著想，還批評文化大革命。羅孚後來託徐復觀給
余英時轉話：對不起，他剛好去大陸，批評余英時
的文章是他手下編輯把這東西發表了。

　　余英時與徐復觀儘管他們在儒家思想的見解上持有不同
觀點，但余英時對於徐復觀的待人處事，尤其當他獲悉主張
全盤西化，而且常在《自由中國》雜誌為文批評他的殷海光
不幸罹患胃癌時，仍特別托好友捎去慰問之意，充分展現文
人惺惺相惜的情感。

　　余英時與新儒家思想的爭論，有部分因為受到他老師錢
穆不在唐君毅、牟宗三等新儒家的文化宣言上簽名，和其在
學術思想上見解不同的牽連因素之外，其中還糾葛新儒家思
想胡適自由主義，胡適當年的引薦錢穆進北大教書，乃至於
籌辦和經營《民主評論》，在經費上受到國民黨蔣介石的默

許與支助。

尤其處在戒嚴時期「兩蔣時代」的 1968 年、1974 年，錢穆、余英時師生先後分別當選中央研究院院士等等錯綜複雜因素，亦是研究新儒家等人忌妒錢穆、余英時師生在學術上成就的不可忽略因素。

顯裕老師文亦提到：

> 余英時是以從中國傳統具體的歷史脈絡中，去尋求中國傳統思想的資源，並在此基礎上去尋求其創造性的轉化，以銜接西方現代社會的文明價值，這種取徑，或許比新儒家從「心性之學」出發去建構純抽象思辨之路，應來得更具體，也較能使中國「傳統與現代化」的課題之解決，較為平順、踏實。

我們可以說余英時的儒家思想，乃至於學術思想體系是結合錢穆對中國文化執著，與胡適對西方實證科學優點的融合而成的一家之言。余英時在學術思想上的並不認同新儒家在思想文化傳承上的形塑學閥派別。余英時有如業師錢穆的不立門戶，可是現在余英時思想已影響當前華人世界，並已蔚成一股「余英時學」熱潮。

顯裕老師文提到：

> 余英時認為「當代新儒家不能為中華文化帶來轉

機」，他認為新儒家所長的形上學，「不能解決中
國的政治問題，對現實也無能為力」，因為「太講
形上學的問題，卻忽略了日常實踐的問題。」

顯裕老師文又提到：

《余英時談話錄》指出：在香港中文大學兩年，使
我對歷史的看法不是那麼天真。我覺得理論沒有那
麼重要了。研究歷史不是光靠理論，要知道人的複
雜性。換句話說，對人性的瞭解深入了。人是非常
複雜的動物，不能聽他講理想主義的話就真的以為
他是理想主義者，從頭到尾沒有現實考慮。幼稚的
理想主義不復存在了，要慢慢看到實際的利害、人
事、私人考慮、各種動機。從前我讀歷史的時候，
不容易在這方面深入，好像看一個大趨勢，其實大
趨勢沒有什麼用。真正懂歷史，要懂得具體的人，
具體的事情，具體的結構。光是在書房裡念書，永
遠看不到人性的深處。

余英時在中文大學改制風波，給他帶來很深的感觸，認
為「光是在書房裡念書，永遠看不到人性的深處」。他對於
新儒家太講形上學，卻忽略了日常實踐，是不能為中華文化
帶來轉機，也不能解決中國的政治問題，對現實也無能為

力。

　　用現在的話：狹義的新儒家提倡的道統是很抽象，而且是不接地氣的。余英時認為，現代儒學必須放棄全面安排人生秩序的想法，然後儒學才真能開始它的現代使命，即明清儒學所開啟的「日用常行化」、「人倫日用化」，乃至於「現代人間儒學」的觀點。

　　如果從「文化即日常生活實踐」的文化資源創新轉化，當前臺灣產業界正夯的流行「文化創意產業」和「藝文產業」，那中華文化和儒家文化在中華民國發展的臺灣在地化的未來性如何？余英時有「當代胡適」之譽，胡適、林語堂、錢穆與余英時等學人的文化資（遺）產可有轉化成「文化創意產業」或「藝文產業」的一門顯學嗎？這是我非常期待的。

二、余英時的胡適「全盤西化」觀

　　顯裕老師引《余英時談話錄》指出：

> 胡適與第二代新儒家的熊十力三位海外弟子牟宗三、唐君毅、徐復觀基本上沒有什麼直接交鋒。這是胡適自一九五八年回臺定居以後很少發表批評中國文化的言論，只有在臺中農學院和英文"Social Changes Necessary for the Growth of Science"兩次演

講中重提「纏足」的老話，但與二十世紀二○、三
○年代文章的刺激性已不能相提並論。何況這兩次
演講並不是針對新儒家而發。至於新儒家對胡適的
攻擊，也只有徐復觀一人屢屢行之文字，唐君毅、
牟宗三則只有私下議論。與第二代新儒家對壘的不
是胡適本人，而是「接著胡適講」的一群「文化激
進派」，最初以殷海光為主將，以《自由中國》雜
誌為基地，後來又由《文星雜誌》的一群更年輕的
作者繼承下來〔按：指的是李敖等〕。這些人只是
「接著」而不是「照著」胡適講的，他們痛詆中國
文化、提倡「全盤西化」，在當時很有影響，但不
應由胡適負責。

《余英時談話錄》指出：

徐復觀痛罵胡適並不是單獨上陣，與他並肩作戰的
人多得很。事實上，如果以文化保守主義與文化激
進主義為劃界，則前者才是二十世紀五、六○年的
主流，具有深厚的政治與社會基礎，後者則處於邊
緣地位，成為被打壓的對象。一九六○年代起，
《自由中國》被封閉，雷震入獄，殷海光被臺大解
職，受監視與軟禁，其他遭株連而死或囚者不可勝
數。胡適在中央研究院內連一個「文化激進」的同

志也沒有。……我算來算去，胡適在臺灣學術界的
追隨著僅剩下毛子水一人。毛子水在一九五○年代
初曾與徐復觀一度發生過「義理」與「考證」的爭
論，但很快便為人所遺忘。毛子水極少寫文章，也
不是「激進派」，更無權勢可言，他沒有任何「打
壓」新儒家的力量。……《自由中國》潰滅以後，
新儒家安然無恙，《民主評論》也照常出版。從比
較廣闊的政治、社會背景上看，究竟誰是「主
流」，誰是「邊緣」，恐怕也是一個仍待爭論的問
題。

顯裕老師引《余英時談話錄》指出：

胡適與「全盤西化」，我認為有必要澄清「全盤西
化」的問題。胡適雖然一度附和陳序經的「全盤西
化」的口號，但是三個月之內便發現這是一個誤導
的名詞，所以特意寫了〈充分世界化與全盤西化〉
一文，正式拋棄了這一口號，而代之以「充分世界
化」。他說「充分」不過是「儘量」或「用全力」
的意思。他的「世界化」當然主要是指科學與民主
而言。但是這二者雖是西方發展出來的，在中國卻
已為文化保守主義者接受，……胡適更明白承認：
「況且西洋文化確有不少的歷史因襲的成分，我們

不但理智上不願採取，事實上也決不會全盤採取。」把胡適早已鄭重宣布拋棄的「全盤西化」四個字繼續扣在他頭上，痛加咒罵，這是批胡的人的一貫策略，他們根本對他的公開修正視若無睹。

余英時與新儒家思想的爭論，除了學術思想上的因素之外，其中還糾葛胡適自由主義與國民黨蔣介石政權，錢穆當年進北大教書的受遇於顧頡剛，還有錢穆創辦新亞書院與時任臺灣省教育廳長陳雪屏（余英時岳父）的居間協助。在「兩蔣時代」的 1968 年、1974 年，錢穆、余英時師生分別當選中央研究院院士等等錯綜複雜因素，亦是研究余英時與新儒家思想關注的焦點。

三、余英時提倡「知識人」的重視「人的尊嚴」

顯裕老師指出：

余英時的史學雖延續近代中國新漢學的「乾嘉考證」之風，但有其超越新漢學「實證」科學之處。余一方面受胡適五四啟蒙運動的影響，關心民主、科學的課題，同時在他史學的風格上，呈現了錢穆與陳寅恪將史學與時代結合的論題選擇，余英時可謂現代型的公共知識分子。

顯裕老師引《余英時談話錄》指出：

> 「知識人」這個名詞是我現在提倡的。……2002 年
> 正式提出來的。以後我就盡可能用知識人，而不用
> 知識分子。……從前「知識分子」是一個中性的名
> 詞，後來就變質了。我是受陳原的影響，日本人也
> 用知識人，講政治人、經濟人、文化人都可以，為
> 什麼不能用知識人呢？我的意思是人的地位要受到
> 尊重。因為語言是影響很大的東西，語言一定限制
> 你的思想，用暴力語言，就是鼓動暴力。

余英時的「知識人」是強調對「人的尊嚴」的取代「知
識分子」一詞。周言在《余英時傳》指出：

> 做一個有尊嚴的知識人。

1980 年代余英時頻繁就兩岸問題發聲，尤其是「六四
事件」，1990 年代余英時有「待從頭，收拾舊山河」之感
嘆，並開始不定期接受《自由亞洲電臺》採訪，固定就「公
共事務」議題發聲，成為了解余英時晚年政治立場，政治思
想的一個視窗。

畢竟西方文化的個體自由化戰士性格，與華人社會的家
族主義性格，及其相應的政經體制與文化觀念是有差異的。

美國從 1970 年代起，將原本以政府作為主體的公共行政
（public administration）教育，參考企業管理（business
administration）的議題導向與跨域整合，形成了公共事務
（public affairs）領域。從為因應社會經濟發展與變遷的觀
點，凸顯當前「公共事務」的重視「社會主義式」議題，似
可比之於「企業管理」的「資本主義式」實際運作模式。

四、余英時主張「傳統與現代化」的取徑模式

顯裕老師文指出：

> 余英時是以這種從中國傳統具體的歷史脈絡中，去
> 尋求中國傳統思想的資源，並在此基礎上去尋求其
> 創造性的轉化，以銜接西方現代社會的文明價值，
> 這種取徑，或許比新儒家從「心性之學」出發去建
> 構純抽象思辨之路，應來得更具體，也較能使中國
> 「傳統與現代化」的課題之解決，較為平順、踏
> 實。

顯裕老師文又引《余英時談話錄》指出：

> 我認為中國的傳統價值裡面也有「普世價值」，例
> 如自由、寬容、民主、科學、人權。我常常說，中

國沒有人權這兩個字，但是有人權的想法。而且有
些中國已經有的東西與西方一配合，就從原來的傳
統進入現代化了。現代化就是把已經有的價值用現
代的語言與方式跟其他文化中的東西聯合起來，講
成同樣的東西，不覺得生硬和冒昧。

我們可以說余英時的學術思想是結合錢穆對中國文化執
著，與胡適對西方實證科學優點的融合而成的一家之言。余
英時秉性謙沖為懷的並不希望像新儒家在思想文化傳承上建
立一學術譜系，有所謂第一代、第二代、第三代的派別。

余英時有如業師錢穆的不立門戶，可是從現在余英時思
想受到學界有如「胡適學」的崇敬，對於當前華人世界的影
響已蔚成一股「余英時學」熱潮，余英時的為學與處世總會
讓人有一股「如沐春風」的感受，其影響力的深遠是擋不住
的。

五、余英時認為中華文化轉機在日常實踐

顯裕老師的論文指出：

余英時認為「當代新儒家不能為中華文化帶來轉
機」，他認為新儒家所長的形上學，「不能解決中
國的政治問題，對現實也無能為力」，因為「太講

形上學的問題，卻忽略了日常實踐的問題。」

顯裕老師引《余英時談話錄》指出：

> 余英時在香港中文大學兩年，使我對歷史的看法不
> 是那麼天真。我覺得理論沒有那麼重要了。研究歷
> 史不是光靠理論，要知道人的複雜性。……光是在
> 書房裡念書，永遠看不到人性的深處。

余英時在中文大學改制風波，給他帶來很深的感觸，認
為「光是在書房裡念書，永遠看不到人性的深處」。所以他
對於新儒家太講形上學，卻忽略了日常實踐，是不能為中華
文化帶來轉機，也不能解決中國的政治問題，對現實也無能
為力。用現在的話：狹義的新儒家提倡的道統是很抽象，而
且是不接地氣的。

六、余英時對於政治「遙遠的興趣」

顯裕老師已發表多篇關於余英時思想與文化的論文，未
來也可以考慮加入〈余英時與第三勢力關係〉，或〈余英時
與自由派知識人關係〉的探討。諸如余英時父親余協中、岳
父陳雪屏等家族人與國民黨蔣介石之間的互動；或如余英時
與胡適、王世杰等自由主義者之間的關係。

黃克武在《胡適的頓挫：自由與威權衝撞下的政治抉擇》書中，引 1959 年 3 月 4-5 日的《蔣介石日記》謂：

> 包圍陳誠的「小宵政客」之一是陳雪屏，蔣對陳雪屏最不滿的地方即是他勾結胡適，「陳雪屏為反動分子包庇，並藉胡適來脅制本黨，此人積惡已深，其卑劣言行再不可恕諒」、「昨晡以陳雪屏卑劣行動直等於漢奸不能忍受，再三自制幸未暴怒氣也」。

之後，陳雪屏在 1959 月 5 月 19 日國民黨八屆二中全會選舉中常委時就落選了。這是一段蔣介石對陳雪屏與陳誠、胡適走得太近的記載。蔣氏父子認為陳誠在拉攏北大知識分子而結黨結派。陳雪屏曾書「正須謀獨往，何暇計群飛」一幅墨寶，影射當年陳誠與蔣經國兩方陣營，在政治上的不甚投契。後來陳雪屏雖然淡出中華民國政治圈，但 1990 年在李登輝總統任內仍受聘總統府資政。最後，在臺灣終老，葬在臺灣。

周言《余英時傳》中特別提到：

> 余先生當時還談到了他家庭的一些情況，……當然還有一些敏感話題我沒有談，心想以後如果余先生提到可以順便問一下，比如說臺灣島內對他曾和蔣

經國之間的關係曾有過非議，諸如此類，但是礙於情面，我終究沒有問過這些問題，我想這些問題談起來既深且長，三言兩語無法概括，這其中的關係，並不是余先生那一本《民主與兩岸動向》的書可以簡單解釋的。

余英時過世後，周言出版了《余英時傳》一書，其中第二十五章〈時代的風陵渡口〉，特別提到「從六四事件到中國學社／中國學社的臺前幕後／中國學社的內部紛爭」，是針對余英時於「六四事件」之後，有關在普林斯頓大學成立「中國學社」、「當代中國研究中心」，及後來與馬樹禮主持下「臺灣三民主義大同盟」之間的關係與運作情形如何？做進一步分析。

七、余英時「中國情懷」與「臺灣本土化」思維

顯裕老師文引《余英時談話錄》指出：

東晉的元帝是創始的皇帝，當時的口號就是「王與馬，共天下」，非靠王家不可，要不然站不住的。因為皇帝是從北方來的，像大陸人跑到臺灣，沒有本地人靠不住，所以必須本土化。本土化的過程中，南方的士族很重要，……

這本土化議題，從政權本土化的本質，延伸「蔣經國在臺灣的本土化政策」，和提倡自由民主的不廢儒家文化，延伸「新儒家徐復觀激進文化的本土化論述」，正如羅爾斯（John Rawls）在《政治自由主義》中指出，在民主與自由的時代，仍需要有一個背景文化。

余英時認為：

> 現代儒學必須放棄全面安排人生秩序的想法，然後儒學才真能開始它的現代使命，而明清儒學所開啟的「日用常行化」或「人倫日用化」觀點。

依此，如果從「文化即日常生活實踐」的文化資源創新轉化，當前臺灣產業界流行的文化創意產業，中華文化和儒家文化其在中華民國臺灣發展的未來性如何？余英時有「當代胡適」之譽，胡適與余英時的文化資產可有與「文化創意產業」結合的可能性？這是本文延伸出來另一個值得研究的議題。

八、感想

中央研究院院士，也曾是在普林斯頓大學余英時學生的王汎森教授，曾引龔自珍的一首詩，說和余英時先生交往是「萬人叢中一握手，使我衣袖三年香」。我就借用這句話，

作為拜讀顯裕兄這篇論文，和這次擔任與談人的感想。以上個人的幾點淺見，提請顯裕老師參考和請大家指教。

（2022-11-14）

對話〈余英時與胡適：政治思想層面的探析〉

這篇文稿是 2022 年 11 月 15 日，我在警大通識中心研討會擔任李顯裕博士發表〈余英時與胡適：政治思想層面的探析〉論文的與談人，內容經審修如下：

顯裕老師文提到：若望（陳通造）〈今生未見應無恨，後世相知自有緣——記余英時致胡適的一封信〉，所發掘出來余英時寫給胡適的一封信函。顯裕老師特別指出：

> 當年余英時以一位 22 歲左右的年紀，可以看出年輕時余英時的思想已有博通深邃的早熟，也可以看出余英時拳拳服膺胡適自由主義的政治思想，並把胡適奉為圭臬。當中共發動批判胡適之際，余英時則從他所熟悉的胡適文章中，引出胡適思想的深意，並寫出〈胡適思想的新意義〉一文，一一為胡適的思想學說辯護及同時批判中共的政治取向。
> ……我〔按：指李顯裕〕認為：若望〈今生未見應無恨，後世相知自有緣——記余英時致胡適的一封信〉，這是一篇很珍貴挖掘出來文獻。

顯裕老師的引用余英時早期寫給胡適的這封信，也足以

證實了余英時早年對胡適學問的敬佩。

　　另外，我認為：顯裕老師文在本文所使用原始和最新資料上，諸如引用 2022 年，聯經最新出版的《余英時文集》，這全套書應是在余英時過世後，是截至目前（2023年）研究余英時思想的最完整文獻資料。

　　有關上海亞東版與台北遠東版的《胡適文存》本，顯裕老師文引王汎森先生曾說過：

> 余先生說 1947 年，北大、清大有兩隊辯論，由劉大中主持，辯論結果是資本主義勝利，余先生當時覺得奇怪，不是應該是社會主義贏嗎？我推測余先生當時的疑問反映了當時知識青年的左傾思想，排山倒海的壓力，以及他當時思想中胡適因素之間的激烈競合。尤其不可忽視的是《胡適文存》〈新自由主義〉一文中對自由主義與社會主義的調和的影響。

　　我查閱：1953 年臺北遠東版《胡適文存》查無〈新自由主義〉一文，有關王汎森先生所提該文，其出處是指何版本的《胡適文存》？可進一步說明。胡適、余英時的著作等身，新資料陸陸續續收錄的出版，尤其大陸出版的著作，詳細對照版本內容顯得更為重要。

　　例如，這次我查閱 1953 年 10 月臺北遠東圖書公司出版

的《胡適文存》（全部四集），未見收錄王汎森先生提到
《胡適文存》〈新自由主義〉一文。王汎森先生在〈自由主
義的傳統基礎——余英時先生的若干治學理路〉特別指出：

> 1925 年 10 月，胡適在英國給徐志摩寫的兩封信刊在
> 《晨報副刊》上，即〈新自由主義〉，其中提到對
> 自由主義與社會主義融合的期待。文中反覆強調政
> 治事務「有計劃」的重要。這篇文字因涉及為社會
> 主義張目，在臺北遠東版中刪去，未加任何說明。

　　對照查閱李敖《胡適研究》（遠景版，1980 年 2 月，
頁 251-263）〈關於「胡適文存」〉一文裡指出，在〔遠東
版〕第三集中，刪去的文章是…「歐遊道中寄書：寄慰慈
（三封），寄志摩（兩封）。我認為：1953 年 11 月，遠東
版《胡適文存》刪去〈新自由主義〉一文的主要原因應該是
顧慮當時國內政治環境的處在戒嚴時期的管制言論與出版自
由吧？李敖在該文中尚有批評胡適刪除《胡適文存二集》中
〈這一週〉文字內容的事。李敖說，後來胡先生向他說：
「我很後悔刪得太多了！」。
　　上述《胡適文存》的版本變遷，可以清楚了解余英時所
提到《胡適文存》的版本，對照胡適於 1953 年臺北遠東圖
書公司出版《胡適文存》〈自序〉的說明，余英時所提到
《胡適文存》應屬 1921 年至 1934 年上海亞東圖書館所出版

的全部三卷的版本。

再根據胡適在遠東版《胡適文存》的〈胡適文存四部合印本自序〉的說明：「文存第四集（即《論學近著》第一集）刪去了十幾篇。」《胡適論學近著》係 1935 年由上海商務印書館印行。

顯裕老師認為：

> 〈新自由主義〉一文，係收錄後來在《胡適文存》第三卷中以〈歐遊道中寄書〉的篇名收入。遠東版《胡適文存》沒有收錄胡適給徐志摩的信（〈歐遊道中寄書〉，即是〈新自由主義〉一文），但遠流版《胡適文存》則有收錄。

這也凸顯閱讀或引用胡適與余英時的豐富著作中的版本敘述，對研究者和一般讀者的重要性。

胡適思想與胡思杜〔按：指胡適次子〕之死，顯裕老師文提到：

> 眾所周知，胡適的思想曾經在中共統治之下，是列為中共的反動文人第一人，甚至全面展開批判胡適思想的運動，在 1951 年底開始，1952 年整整進行了一整年，稍稍冷淡一下之後，在 1954、55 年，以及 1956 年的上半年，又在全國範圍內繼續其清算胡適

的運動，共產黨後來還在中國大陸出版了《胡適思
想批判》（共八輯），足足有數百萬字之多。

　　在情感上作為胡適次子的胡思杜，在中共批判胡適思想
的運動時，為「向黨組織表示他的忠心」，在報上發表〈對
我父親──胡適的批判〉，宣布斷絕二人父子關係。1957
年，在中共反右運動中，胡思杜被定為右派分子，9 月 21
日被迫自縊身亡，死時 36 歲。我想這是胡適不可承受之
痛，我們也很少見到胡適針對這屬於私人情感的事件表示看
法。這是胡適為堅定其自由主義思想所付出的沉重代價。

　　關於「自由與容忍」。2008 年 6 月 29 日，《中國時
報》登載，余英時接受國立政治大學頒贈名譽文學博士學
位，隨後他以〈臺灣人文研究的展望〉為題發表演講（該文
大修和重寫後，收錄在《人文與民主》）。余英時提到「中
國沒用『人權』、『民主』兩個名詞，但『自由』是有的。
1920 至 1937 年，胡適、錢穆等人領銜的中國人文研究領先
世界；1949 年後，金耀基、鄒文海等大批中國文人來臺授
業，也讓自由中國的精神與人文研究在臺延續。」

　　顯裕老師引：

　　　　余英時用「為仁由己」談「自由」的中國涵義，用
　　　「善未易明、理未易察」談「容忍」的必要性，用
　　　「理重於勢」談中國傳統的「士」並未向政治權威

屈服。這是余英時肯定胡適對自由主義一生的堅持，也印證胡適思想並不是主張「全盤西化」的。

　　我認為胡適思想會受誤解為主張「全盤西化」，是因為他早期常介紹「西洋文明」，或使用「工業文明」等字眼。所以，1960 年代前後《自由中國》雜誌的殷海光，和《文星雜誌》雜誌的李敖，在介紹胡適思想時，常常會提到胡適思想是主張「全盤西化」的。長時間下來，這種認知在華人文化圈普遍被接受，我認為這對胡適的自由主義精神是有誤解的。現在介紹「西洋文明」、「工業文明」，改使用「現代化」是比較中性的名詞。

　　胡適常說：「容忍比自由更重要」，還有「和比戰難」，也凸顯他包容性人文的自由主義精神與思想。

　　關於「知識分子與知識人」。顯裕老師文提到：

　　　　胡適所處的時代，是從傳統的「士」過渡到現代「知識分子」的階段，而余英時所處的時空環境，已是現代型「知識分子」的時代。有關現代型「知識分子」，余英時在其《余英時談話錄》中指出：「知識人」這個名詞是我現在提倡的。……2002 年正式提出來的。以後我就盡可能用知識人，而不用知識分子。……從前「知識分子」是一個中性的名詞，後來就變質了。……我的意思是人的地位要受

到尊重。

我認為，余英時接受胡適自由主義精神的予以生活化的型態。余英時的「知識人」是強調對「人的尊嚴」的取代「知識分子」一詞。余英時提倡要做一個有尊嚴的知識人，以善盡社會責任。我閱讀 2022 年 6 月，INK 印刻文學生活雜誌出版，顏擇雅編，余英時著《余英時評政治現實》一書，已普遍使用「知識人」一詞。

未來可再深入探討的主題：親情與敵人。顯裕老師引：

> 《胡適日記全集 9》：1958 年 1 月 16 日，余英時的父親余協中到紐約訪問胡適，胡適在日記中是這樣記述的：潛山余協中來訪。他是用 Refugee Act 來美國居留的，現住 Cambridge。他說起他的兒子余英時，說 Harvard 的朋友都說他了不得的聰明，說他的前途未可限量。

顯裕老師如果可以的話，在探討余協中、余英時父子與胡適的政治層面之外，不妨再深入分析余英時在 1964 年與陳淑平女士結婚後，是否受到他岳父陳雪屏與胡適關係的影響，特別是陳雪屏來臺之後與國民黨要人王世杰、陶希聖、杭立武等之間的互動，或許有助於釐清為什麼在 1980 年年後的《中國時報》、《聯合報》，可以在未解嚴的管制言

論自由的情況之下，大量刊登余英時有關政治評論的文章？

根據顏擇雅編《余英時評政治現實》。余英時說：

> 我對蔣經國的印象一直不好的，很大原因是他是蔣
> 介石的兒子，父傳子我不能贊成。他最早是要把自
> 由派勢力幹掉，壓迫《自由中國》雜誌他是有分
> 的，早期他是民主的敵人，但是後來慢慢覺悟，能
> 有改進，就值得稱讚。

關於「自由與專制」。顯裕老師文引：

> 余英時〈胡適思想的新意義〉：他反共意志的堅
> 強，是更值得我們景仰的。他是中國反對共產主義
> 最早期的理論家之一；至於他在抗戰前夕，當蔣廷
> 黻、吳景超、錢端升這一批人力捧蔣介石獨裁的時
> 候，毅然不屈不撓堅持民主主義到底，尤其表現出
> 一位自由主義大師應有的風格。

顯裕老師在這部分可考慮加入討論：蔣廷黻〈革命與專
制〉的「新式獨裁」，與胡適「政權統一不一定就是獨裁政
府」的論辯，來凸顯胡適與後來余英時的強調自由民主觀
點。又，蔣廷黻（屬意）慫恿胡適出面號召自由主義者的籌
組「中國自由黨」，來參與實際政治的關心國事做法。從近

代中華民國政治民主化歷程的政黨競爭與制衡角度，亦是值得深入探討的主題。

關於「政治與學術」。顯裕老師文引：

> 余英時〈我所承受的「五四」遺產〉：作為一個學人，胡的自由主義的重心也偏向學術與思想，與實際政治終不免有一間之隔。儘管四十年代末期的中國局勢逼使他不能不在政治上作出明朗的抉擇，但他的自由主義從未轉化為政治行動。由於他是一個學術本位的自由主義者，他完全可以作到讓政治的歸於政治，讓學術的歸於學術，使兩個領域不相混淆。

我認為：政治與學術很難使兩個領域不相混淆，如果胡適的擔任駐美大使和中央研究院長不被認為是參與實際政治的話，我可以接受胡適與余英時都可以做到了政治的歸於政治，讓學術的歸於學術。

在這方面或許有些時候或介入的程度上，我還是滿支持徐復觀「政治與學術」關係的論述，當然我也可以理解余英時會贊同胡適的支持《自由中國》雜誌，而不支持《民主評論》雜誌徐復觀的批評胡適的言論。余英時甚至在晚年的談話錄指出，徐復觀痛罵胡適並不是單獨上陣，與他並肩作戰的人多得很。

余英時到美國留學之後，除了一度回香港擔任新亞學院校長之外，幾乎就留在美國從事教學與研究的學術工作，我認為胡適與馮友蘭因受到他們老師杜威的影響，他們關心政治勝過哲學（學術）。在這一部分正是余英時的特點與長處，他真正做到了「政治的歸於政治，讓學術的歸於學術」。在這方面余英時正如他的錢穆老師一般，要比胡適、蔣廷黻、林語堂、陶希聖等人來得符合「政治的歸於政治，讓學術的歸於學術」的理想目標。

關於「學風與門派」。最後，我想說我的一點感觸，不過我還是先引 2019 年 7 月 7 日，《聯合報》刊登了魏可風的一篇〈百年前的燎原星火〉，該文內容雖旨在推薦《杜威的三十二堂課，胡適口譯，百年前演講精華》。魏文的最末提到：

> 師承杜威的胡適後來成為主導臺灣民主思想的大儒。區區一個學者憑什麼能耐星火燎原？只因一代代的優秀學生們總能成為老師寬闊哲思的後裔。

我想余英時師承胡適，王汎森師承余英時，李顯裕師承王汎森，我做如是觀，也樂於期待。正如自由主義大師海耶克（Friedrich A. Hayek）在描述自由市場經濟路上小徑的自然形成，在學術研究的道路上，終致精讀的書給我們建立了做學問的基地；有了基地，我們才能擴展，這就是博覽了。

　　顯裕老師已經出版有《楊聯陞與近代中國史學》、《貫
通熱烈與冷靜之間的自由主義學者林毓生：學術精神與公共
關懷》等專書，個人建議顯裕老師未來除了整理余英時對中
共政治發展時論文字，乃至於出版一本如《余英時與中國歷
史文化》的專書之外，也能整理出一篇〈余英時先生著作書
目提要〉，對有意研究「余英時思想」的後學者具有引導入
門的作用。

　　余英時是當代華人知識分子中，影響最為深遠的學者之
一，他的漢學專業學術成就早已名滿全球，但他不是關在學
術象牙塔中只作古典漢學研究的學者而已，他同時具有中國
傳統士人議政的風格，經常為文關懷當代現實中國、香港與
臺灣的政治與社會發展。余英時如何秉持著他深厚的歷史人
文通識，去評論臺灣政治發展中，在當下影響臺灣歷史命運
最為關鍵的兩岸關係課題，從中亦可對臺灣未來的歷史走
向，有較清楚的方向感。

　　余英時文提到：

> 一切歷史文獻──從家譜到方志──都說明今天的臺
> 灣主要是一個大陸漢族移民的社會。除了原住民的
> 本土文化之外，臺灣文化是中國文化在最近兩三百
> 年中逐漸發展出來的一個新枝。

　　我常思考余英時提到的「中國的文化」，到底與當前臺

灣習慣上用「中華的文化」或「臺灣的文化」顯有區別？我發現余英時有時候也使用「原住民的本土文化」，及其在提到不接受中共強調的民族主義大旗，在意涵上有何區別之處？

當前就臺灣發展的歷史可以遠溯公元前的年代，如果如某些人士只說臺灣人四百年史，而不說臺灣人幾千年史或幾萬年史，其所說的臺灣人四百年史，這個「臺灣人」已有中國的意涵。因為，這個陳述忘了某些人士所強調來自東南亞的臺灣人，而僅指四百年前開始大量由中國大陸來的臺灣人（或說漢人）。

承上述，針對顯裕老師四篇論文的對話議題，或許可以理解余英時早已從自由民主的價值與中國文化的「文化共識」，以代替「九二共識」來推動兩岸關係的和平發展，這也正是與顯裕老師對話余英時自由主義精神與學術思想的最大心得了。（2022.11.15-16，2023-08-09）

國家圖書館出版品預行編目（CIP）資料

筆記與對話(續集)：戰後臺灣自由主義知識典範
言論述/陳添壽著. -- 初版. -- 新竹縣竹北市：
方集出版社股份有限公司, 2024.03
　　面；　　公分
　　ISBN 978-986-471-455-1 (平裝)

1.CST: 自由主義　2.CST: 政治思想　3.CST: 文集

570.112　　　　　　　　　　　　112022028

筆記與對話(續集)：戰後臺灣自由主義知識典範言論述

陳添壽　著

發 行 人：賴洋助
出 版 者：方集出版社股份有限公司
聯絡地址：100 臺北市中正區重慶南路二段 51 號 5 樓
公司地址：新竹縣竹北市台元一街 8 號 5 樓之 7
電　　話：(02) 2351-1607　　傳　真：(02) 2351-1549
網　　址：www.eculture.com.tw
E - m a i l：service@eculture.com.tw
主　　編：李欣芳
責任編輯：立欣
行銷業務：林宜葶
出版年月：2024 年 03 月　初版
定　　價：新臺幣 420 元

ISBN：978-986-471-455-1 (平裝)

總經銷：聯合發行股份有限公司
地　　址：231 新北市新店區寶橋路 235 巷 6 弄 6 號 4F
電　　話：(02)2917-8022　　　傳　真：(02)2915-6275